W0089832

MARCO POLO

BRETAGNE

> Auf vielen Reisen habe ich Flüsse,
> Seen, Meere und ihre jeweiligen
> Küstenlandschaften kennengelernt,
> aber nur wenige sind für mich so
> abwechslungsreich, spannend,
> anziehend und spektakulär wild
> wie diejenigen der Bretagne.
> *MARCO POLO Autor*
> *Errol Friedhelm Karakoc*
> (siehe S. 131)

Spezielle News, Lesermeinungen und Angebote zur Bretagne:
www.marcopolo.de/bretagne

BRETAGNE

> SYMBOLE

MARCO POLO INSIDER-TIPPS
Von unserem Autor für Sie entdeckt

★ **MARCO POLO HIGHLIGHTS**
Alles, was Sie in der Bretagne kennen sollten

☼ **SCHÖNE AUSSICHT**

▶▶ **HIER TRIFFT SICH DIE SZENE**

> PREISKATEGORIEN

HOTELS
€€€ über 80 Euro
€€ 40–80 Euro
€ unter 40 Euro
Die Preise gelten für zwei Personen im Doppelzimmer ohne Frühstück

RESTAURANTS
€€€ über 45 Euro
€€ 25–45 Euro
€ unter 25 Euro
Die Preise gelten für ein Menü mit mindestens drei Gängen ohne Getränke

> KARTEN

[120 A1] Seitenzahlen und Koordinaten für den Reiseatlas Bretagne

Karten zu Dinan, Quimper, St-Malo und Vannes finden Sie im hinteren Umschlag

Zu Ihrer Orientierung sind auch die Orte mit Koordinaten versehen, die nicht im Reiseatlas eingetragen sind

> SZENE

S. 12–15: Trends, Entdeckungen, Hotspots! Was wann wo in der Bretagne los ist, verrät der MARCO POLO Szeneautor vor Ort

> 24 STUNDEN

S. 98/99: Action pur und einmalige Erlebnisse in 24 Stunden! MARCO POLO hat für Sie einen außergewöhnlichen Tag in St-Malo zusammengestellt

> LOW BUDGET

Viel erleben für wenig Geld! Wo Sie zu kleinen Preisen etwas Besonderes genießen und tolle Schnäppchen machen können:

Gratis ins Meeresfreibad S. 36 | Gutscheine zum Herunterladen S. 54 | Günstiger Golf spielen S. 72 | Köstliche Crêpes für wenig Geld S. 82

> GUT ZU WISSEN

Was war wann? S. 10 | Spezialitäten S. 26 | Blogs & Podcasts S. 34 | Bücher & Filme S. 50 | Thalassotherapie S. 58 | www.marcopolo.de S. 108 | Was kostet wie viel? S. 111 | Wetter in Brest S. 112

AUF DEM TITEL
Raue Faszination am Ende der Welt S. 65
Bécherel: Stadt der Bücher S. 13

ENTDECKEN SIE DIE BRETAGNE!

Unsere Top 15 führen Sie an die traumhaftesten Orte und zu den spannendsten Sehenswürdigkeiten

Die Highlights sind in der Karte auf dem hinteren Umschlag eingetragen

 Brocéliande (Forêt de Paimpont)
Einheimische schwören, dass Druiden, Hexen und Feen noch immer im alten Zauberwald bei Rennes umgehen (Seite 34)

 Saint-Malo
Dicke Mauern umgeben die Korsarenfestung, an der sich Engländer die Zähne ausbissen (Seite 37)

 Mont-Saint-Michel
Die Silhouette des Klosterbergs erinnert an eine granitene Pyramide in grandioser Wattlandschaft (Seite 42)

⭐ **Île d'Ouessant**
Schroffe Klippen und tückische Strömungen machen die sturmumtoste Insel zur perfekte Dramenkulisse (Seite 49)

 Pointe de Penhir
Der Blick von dem 70 m hohen Kap gehört bei aufgewühlter See zu den eindrucksvollsten des Finistère (Seite 52)

 Guimiliau & Saint-Thégonnec
Die umfriedeten Pfarrhöfe der beiden Nachbarorte sind wahre Granitorgien. Dabei scheint nicht alles streng päpstlich: Am Kalvarienberg von Guimiliau prangt eine barbusige Schöne (Seite 56)

 Pont-Croix
Malerisch gepflasterte Gassen und eine Perle von Kirche machen den Ort zum Pflichtstopp auf dem Weg zur Pointe du Raz (Seite 64)

> DIE BESTEN MARCO POLO HIGHLIGHTS

 Dinan
Nur Ritter und Burgfräuleins fehlen –
das Mittelalter ist dank der
betörenden Altstadt ganz nah
(Seite 67)

Cap Fréhel
Die tiefrote Klippe ragt 70 m über
dem Ärmelkanal auf und bietet
tolle Aussichten auf die Bucht von
St-Malo (Seite 70)

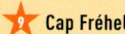 **Ploumanac'h**
Und sie sind wirklich nicht von
Menschenhand gemacht! Das Meer
hat in jahrtausendelanger Klein-
arbeit die Tier- oder Gesichtszüge
der massiven rosafarbenen
Granitbrocken an der Küste geformt
(Seite 74)

Belle-Île
Strände, Pinien, Steilküsten,
idyllische Hafenorte (Seite 83)

Carnac
Die Referenz in Sachen Menhire:
Nirgends stehen so viele wie hier
(Seite 84)

Vannes
Hier wurden die Bretonen einst
zu Franzosen (Seite 88)

Golfe du Morbihan
Das flache Binnenmeer ist Paradies
für Segler und Strandlöwen (Seite 91)

Josselin
Das stolze Schloss wird von Nachfahren
der Erbauerfamilie bewohnt (Seite 92)

WAS FÜR EINE REGION!

Ploumanac'h

> Die Bretagne – sturmumtoster letzter Vorposten Westeuropas vor der unendlichen Weite des Atlantiks. Hier begegnen sich Relikte versunkener Kulturen, granitene Monumente mittelalterlicher Baukunst und moderne Technik. Alle zeugen vom charmant trotzigen Selbstbewusstsein der Bretonen, die erst seit 500 Jahren zu Frankreich gehören. Vor dem Hintergrund ihrer bewegten Geschichte erlebt die Bretagne heute einen beispielhaften Aufwind als Ferienziel: angesichts der abwechslungsreichen Landschaften mit Steilküsten und goldgelben Postkartenstränden und dem überaus reichen Kulturerbe kein Wunder!

> Hier ist wohl wirklich das Ende der Welt: Immer wieder hört man diese Worte an der berühmtesten bretonischen Steilküste, der Pointe du Raz. Zugegeben: Auch wenn Touristen ihn im Hochsommer überrennen, wirkt der Ort schon äußerst wild. Deswegen sehen Sommerurlauber hier gern den Höhepunkt ihrer Bretagnereise.

Einheimische raten jedoch zu Recht, die Küste des Finistère außerhalb der Sommermonate zu besuchen. Dann hat der Begriff „wild" eine ganz andere Bedeutung: Raue Atlantikwinde jagen Wolkengebilde, der Ozean schäumt vor Wut – zur Freude der Kitesurfer und Wellenreiter, aber auch der abenteuerlustigen Inselhopper, die sich dann auf der Fährüberfahrt zur sturmumtosten Insel Ouessant über grün angelaufene Landratten amüsieren.

An der Küste spiegelt sich der wahre Charakter der Bretagne wider: ein Charakter der Kontraste. Schon immer ging die Faszination dieser Halbinsel von ihren Gegensätzen aus. Das Land, in dem heute etwa 3 Mio. Menschen leben, ist mit 27 209 km^2 etwas kleiner als Bran-

> Die Vielfalt der Landschaften ist einzigartig

denburg (29 478 km^2); die Vielfalt seiner Landschaften jedoch ist einzigartig. Allein die Küste mit ihrer Länge von 2730 km, das entspricht einem Drittel der Gesamtlänge der französischen Küste, bietet hinter jeder Felszacke, jeder Pinie und jedem Hortensienbusch unerwartet neue Eindrücke.

Am Mont-St-Michel beginnt die heutige Bretagne – die historische Grenze lag vor langer Zeit weiter östlich. Hier ist das Land lieblich, saftiges Grün herrscht vor. In windgeschützten Lagen findet sich beinahe mediterrane Flora.

Wohn- und Wirtschaftsgebäude aus Granit sind weit verbreitet

Vorbei an der rot gefärbten Steilwand des Cap Fréhel und der sich anschließenden Rosa Granitküste wird die Landschaft in Richtung Westen zunehmend wilder, die Vegetation wird spärlicher. Waren die Felsen gerade noch durch Wind und Wasser rund poliert, sind sie nun gezackt und schroff; das zuvor noch einladende Rosa weicht einem derben Grau.

Weiter im Süden befinden sich die langen Strände des Morbihan; hier ist das Baderevier der Bretonen. Auf dem feinen, hellgelben Sand messen sich Strandsegler. Pinienhaine säumen die flache Küste, durchsetzt von Campingplätzen und vereinzelten Hinkelsteinen.

Der Südosten der Bretagne ist das Land der Menhire. Man findet sie auch anderswo, aber nirgends in so großer Menge und so alt wie hier. In und um Carnac stehen Tausende, wie auf Perlenschnüre aufgezogen. An-

dere finden sich einsam, verträumt und gottvergessen in der Landschaft. Der mit 20,60 m größte bekannte Menhir überhaupt stand hier, liegt allerdings inzwischen, wohl absichtlich umgestoßen, gleich neben einem Dolmen. Keiner weiß heute mit Bestimmtheit, zu welchem Zweck all diese Steine aufgerichtet wurden – Theorien darüber gibt es viele. Oder war es etwa doch Obelix, der sie auf der Jagd nach Wildschweinen achtlos hier stehen ließ?

Begriffe wie Menhir (langer Stein) oder Dolmen (Steintisch) haben sich

> **> Der Südosten der Bretagne ist das Land der Menhire**

in den heutigen Sprachgebrauch herübergerettet. Dabei war die bretonische Sprache *Brezhoneg* bis in die 1940er-Jahre verboten. Die Franzosen hatten ihren Gebrauch schon vor langer Zeit zu unterbinden versucht, da sie der Inbegriff war für das nie wirklich erloschene Bestreben der stolzen Bretonen nach Wiedererlangung ihrer kulturellen, wirtschaftlichen und nationalen Autonomie von Frankreich. Und genau das unterscheidet sie von den Restfranzosen: Fragen Sie einmal jemanden aus Brest, Quimper, Vannes oder gar Nantes nach seiner Nationalität! Er wird Ihnen, völlig verwundert über solch eine Frage, entgegnen: „natürlich Bretone!"

Die Bretonen leben am, im und mit dem Wasser. Nicht umsonst ist das Lieblingsschiff vieler Berufs- und

Hobbyseefahrer die in Brest stationierte „Abeille Bourbon", der größte und stärkste Hochseerettungsschlepper der Welt. Sie lieben ihre Gewässer, aber kennen auch die Gefahren. In lebhafter Erinnerung sind noch die Ölkatastrophen, die durch die Havarien der „Olympic Bravery", der „Amoco Cadiz" und der „Erika" verursacht wurden. Die Folgen sind zwar weitgehend verschwunden, vergessen aber sind sie nicht. Genauso wenig wie die freiwillige Mithilfe bei der Küstensäuberung durch viele tatkräftige Touristen.

Ehrfürchtig-religiöser Respekt vor den Gefahren des Meers trieb die Fischer einst in Scharen in Kirchen und Kapellen. Überhaupt sind die Bretonen ein recht frommes Volk. Seit der Ankunft der Missionare von den Britischen Inseln (5.–6. Jh.) herrscht der katholische Glaube vor, der noch heute allseits präsent ist. Neben unzähligen Kirchen und Kapellen stechen vor allem die umfriedeten Pfarrbezirke hervor, einzigartige Granitgebilde aus Umfassungsmauer, Kirche, Beinhaus, Triumphtor und Kalvarienberg. Lebendiger Ausdruck der Gottesfurcht sind die vielen *Pardons,* bei denen man lokalen Schutzpatronen huldigt. Mitunter kann dies zur mühsamen Tortur ausarten, denn die längste dieser Prozessionen, die *Grande Troménie* in Locronan, ist immerhin 12 km lang und wird als Bußgang, also schweigend, unternommen.

Die Bretonen sind Nachfahren der Kelten. Deutlich wird dies vor allem auf den vielen Festen und Festivals.

Hier wird Cidre gebechert und zu Musik getanzt, die ein wenig nach

> **Hier wird Cidre gebechert und zu keltischer Musik getanzt**

Schottland und Irland klingt, teils aber viel älter ist. So wundert sich

sergeistern einstellen, die alle einst im Wald *Brocéliande* lebten, treffen am Abend in der Bar ein letztes Mal Tradition und Moderne aufeinander: zum Aperitif einen Kir Breton (Cidre auf Cassis) oder einen Bellini-Cocktail? Zum gemeinsamen Absacken zeigt man sich großzügig und gibt eine Runde aus: Monsieur, bevorzu-

Traditionen werden gepflegt in der Bretagne: Trachtentreffen in Pont l'Abbé

auch keiner, wenn sich jedes Jahr im August eine Woche lang Musiker aus allen keltischen Ländern in Lorient zusammentun, um mit *Bombarde* und *Biniou Koz* (Dudelsack) die Straßen und Plätze zu beschallen. Selbst Punk- und Technobands zaubern immer wieder diese Instrumente hervor.

Bevor sich in der Nacht Träume von König Artus, Merlin, Feen und Was-

gen Sie alten *Lambig,* den echten, weil (sic!) bretonischen Calvados? Oder doch lieber (neumodischen) Whisky auf Algenbasis? Spätestens hier verstehen Sie, warum die Bretonen die Gegensätzlichkeiten ihrer Heimat hochhalten: Schließlich nennt sich das Finistère auf Bretonisch *Penn ar Bed* – der Anfang der Welt! Im Leben ist halt alles eine Frage der Perspektive ...

▶▶ WAS IST ANGESAGT?

Trends, Entdeckungen und Hotspots. Unser Szene-Scout
zeigt Ihnen, was in der Bretagne los ist

Heidi Siefert

Die Reisejournalistin ist zwar weltweit auf der
Suche nach den neuesten Trends, doch wegen
ihrer Liebe zu Frankreich fährt sie mindestens
viermal im Jahr in die Bretagne. Klar, dass die
Sport- und Kulturbegeisterte sich dann in die
Wellen stürzt und sich in Galerien an zeitgenös-
sischer Kunst erfreut. Als echte Genießerin ver-
bringt sie den Tag aber auch gern mit gutem
Essen, Gesprächen und einem Drink.

▶▶ MODERNE KUNST

Abstrakt und mehr

Hauptsache anders und
vielfältig heißt das Motto
der Modern-Art-Genera-
tion! In der *Galerie Art
& Essai* wird zeitgenössi-
schen und avantgardisti-
schen Künstlern wie zum
Beispiel Christian Marclay
eine Plattform geboten
*(Place du Recteur Henri Le
Moal, Rennes).* Die *Gale-*

rie Patrick Gaultier (14, rue du Parc, 1er Etage, Quimper, www.patrickgaultier.fr, Foto*)* hat
neben Kunstwerken regionaler Maler auch Interiordesign im Angebot. Das Künstlerpaar
Claire le Carluer und Guillaume Duval verkörpert eine neue Künstlergeneration. Das Re-
pertoire der beiden Multitalente erstreckt sich von Fotografie und Installationen bis hin zu
Graffiti, Karikaturen und Zeichnungen. Beide sind Mitglieder des Grafikprojekts *DQ Books*
(www.dqbooks.com). Moderne Kunst in alten Gemäuern ist das Motto bei *L'Art dans les
Chapelles.* Dabei wird einmal im Jahr Abstraktes in Kapellen ausgestellt, den Rest des Jah-
res kann man einen Teil der Kunstwerke in Pluméliau bewundern *(Presbytère de St-Nico-
dème, www.artchapelles.com).*

SZENE

▶▶ MORE THAN WORDS

Hotspot Literaturcafés

Bretonische Leseratten machen aus ihrem Hobby ein Ereignis – in literarischen Cafés und Teesalons. Besonders in Bécherel, der Stadt der Bücher: Im *La Vache qui lit* gibts eine riesige Auswahl an Büchern aller Genres, regelmäßig Konzerte und Abendveranstaltungen – und dazu Crêpes und Biocidre *(Cartier Richard, 2, place de la Croix, www.becherel.com, Foto)*. Der Teesalon *La Porte St-Michel* in Bécherel ist auf Literatur aus dem 19. und 20. Jh. spezialisiert. Der Blick von der Terrasse, das Knistern des Kaminfeuers und die Quiches sind hingegen zeitlos *(1, porte St-Michel, www.becherel-librairie-porte-st-michel.fr)*. Bücher aller Genres sind im *Salon de Thé – Librairie Gwrizienn* vertreten. Neben Büchern versorgen Yvonne Preteseille und Claire Wosiak ihre Leser mit Tee *(3, rue de la Chanvrerie, Bécherel)*.

▶▶ SKIMBOARDEN

Surfen mal anders

Actionfreaks entdecken das Skimboarden als neuen In-Sport: Mit superdünnen Surfboards aus Holz gleiten sie nach dem Prinzip des Aquaplanings im seichten Meerwasser oder am gerade noch feuchten Ufer. Ob beim Waveskim, Jumpskim oder Flatlandskim – die Hotspots der Szene sind bereits gekürt: Pointe de la Torche gilt als Geheimtipp unter den Skimboardern. Die Wellen sind gleichmäßig, die Crowd entspannt – und bei *Twenty Nine Surf Co. (Pointe de la Torche, Plomeur, www.twenty-nine.com)* gibts die passende Ausrüstung und den perfekten Unterricht. Ebenso beliebt: Port-Blanc, Port-Rhu und Port-Bara, drei nebeneinanderliegende Strände an der Steilküste vor Quiberon – Equipment und Kurse im *Océan Gate Surfshop* buchen *(Boulevard Chanard, Quiberon, www.oceangatesurf.com)*.

CELTIC RHYTHMS

Traditionelle Musik neu interpretiert

Keltische Musik ist Jahrhunderte alt – höchste Zeit also, sie wiederzubeleben! Angesagte Bands mischen die Klänge aus Dudelsack, Harfe und Flöte mit neuen Beats, Sänger interpretieren den Style der Kelten in neuem, innovativem Gewand. Zu den angesagtesten Interpreten gehören Kohann (*www.kohann.net*, Foto) und Chansonnier Yann Raoul (*www.yannraoul.com*), der einen Teil seiner Songs auf Bretonisch singt. Ein Lieblingsclub für Liveauftritte: *L'Omnibus (Rue des Acadiens, St-Malo, www.lomnibus.com)*; hier spielen regelmäßig neue Bands. Wer es ursprünglicher mag, besucht das *Festival de la St-Loup* in Guingamp, bei dem sich die Szene zum traditionellen bretonischen Tanz trifft *(Place du Vally, www.dansebretonne.com)*.

UNIQUE DESIGN

Fashion aus Designerhand

Mode und Design gehen auch in der Bretagne eine erfolgreiche Verbindung ein. Die Kollektionen der jungen Stars am Fashionhimmel werden immer verrückter. Mit den unterschiedlichsten Materialien arbeitet zum Beispiel Signé Fanny. Ob Tüll, Taft, Pailletten oder Schleifen, ob Kleid oder Print-Shirt: Die Entwürfe der Designerin sind mal romantisch, mal cool – aber immer superstylish *(3, rue St-Georges, Rennes,* Foto*)*. Auf Lässigkeit baut der *911 Store*. Streetwear, T-Shirts mit Aussage und fetten Prints – wer cool ist, darf an diesem Shop nicht vorbeigehen *(14, rue Nemours, Rennes)*.

ENTSPANNUNG DE LUXE

Wellness mit dem gewissen Extra

Abschied vom Alltagsstress: In den Spas der Region wird Wert auf Luxus und Einzigartigkeit gelegt! Entspannung pur bringt eine außergewöhnliche Kombination aus Algentreatments, grünem Tee, Mineralien und einem Bad in duftenden Essenzen in den *Thermes Marins de St-Malo (Grande Plage du Sillon, 100, boulevard Hébert, St-Malo, www.thermesmarins.com)*. Im exklusiven Ambiente verwöhnt das *Relais Thalasso Bénodet* Wellnessfans mit Hydrojet- und Schlammtherapien: so traumhaft wie wirksam *(Corniche de la Plage, Bénodet, www.thalasso-benodet.com)*.

►► GENUSS UND PHANTASIE

Kunstwerke auf den Tellern

Je kunstvoller, desto besser! Die Kreatеure der schönen und modernen Küche wachsen über sich hinaus. Die Köche kombinieren die natürlichen Farben der Produkte mit stylishem Geschirr und Accessoires, die Gerichte sind raffiniert und zum Essen fast zu schade! Im *Les Filets Bleus* drapiert Küchenchef Fred Finet den Appetizer als zartes Türmchen, bettet das Fischgericht zur Hauptspeise auf gekochte Algen und portioniert die unterschiedlichsten Desserts als Stationen auf den Teller *(Pointe de Séhar/Port de Locquémeau, Locquémeau, www.lesfiletsbleus.fr, Foto)*. Im *L'Atelier des Gourmets* werden Spezialitäten wie geschmortes Lammconfit und Maracujatrüffel serviert. Klingt so lecker, wie es aussieht *(12, rue Nantaise, Rennes)*. Das *Le Fuji (4, rue Derval)* in Rennes wird als bestes Asia-Restaurant außerhalb Tokios gehandelt – und zwar nicht nur wegen seiner außergewöhnlichen Küche: Sushi und Sashimi werden in edlen Schalen dekoriert und in asiatisch-filigranem Ambiente serviert. Zum Anbeißen schön!

►► MINIMAL STYLE

Puristisches Nightlife

Weniger ist mehr heißt das Motto der Partypeople. Aber natürlich nur, was den Style ihrer neuen Lieblingslocations angeht! Die Clubs sind in Sachen Interieur puristisch gehalten und dennoch komplett durchgestylt. Die Terrasse mit weißen Sesseln verbreitet Lounge-Atmo und ist nur eines von vielen Design-Highlights des *Le Klub* an der Côte d'Emeraude *(L'Etanchet, Pleurtuit, www.cultureklub.com)*. In Lorient ist das *Le Passeport (8, rue de Turenne)* angesagt: Im maritimen Minimal Style treffen sich moderne Nachtschwärmer bei ausgesprochen gutem Service. Im *Le Studio* herrschen kühles Interior und ein extrem lässiges Konzept vor. Bei Glas, Chrom und Fabrikhallencharme rocken Livebands und DJ-Sets die Bühne, immer wieder gibts Special Events *(Coat Congar, Morlaix, www.lestudiocafeconcert.fr)*.

ALGEN

Seit Urzeiten verbrennt man in der Bretagne getrocknete Algen: Die Asche ist unentbehrlich in der Wundbehandlung. Küstenbretonen heizen ihre Häuser mit Algenfladen – Holz wurde für den Schiffbau gebraucht. Heute rupfen Fischer Algen mit dem rotierenden Propellerkran *Scoubidou* aus dem Wasser. Sie werden vor Ort zu Alginaten für Medizin, Naturheilkunde und Lebensmittel. Der Kelp, eine bis zu 30 m lange Braunalge, findet sich z. B. als Zutat in Gummibärchen.

Durch Überdüngung mit Schweinegülle auftretende Algenblüten ließen seit 2008 an Stränden der Côtes-d'Armor durch Einatmen von in der Sonne ausdünstenden Schwefelwasserstoffen Hunde, ein Pferd, 42 Wildschweine und einen Algentransporteur ersticken.

Bild: Küste bei Camaret

STICH WORTE

ANNE DE BRETAGNE

Was den Franzosen die Marianne, ist den Bretonen ihre Anne: omnipräsente Nationalpatronin und stolzes Symbol der (früheren) Unabhängigkeit. Nach dem Tod des Vaters wird das gebildete Mädchen 1488 im Alter von elf Jahren Herzogin der Bretagne. 1491 vermählt sie sich in Langeais mit dem französischen König Karl VIII. Schlau lässt sie im Ehevertrag ihren Status als souveränes Oberhaupt aller Bretonen festschreiben. Früh und ohne Nachkommen stirbt Karl bei einem Unfall. Da Königinnen in Frankreich nie allein regieren durften, heiratet Anne 1499 kurzerhand in ihrem Schloss in Nantes den Thronfolger Ludwig XII. Und wieder ist der Ehevertrag an die Autonomie der Bretagne gebunden.

1514 stirbt Anne 37-jährig; sie gebar elf Kinder, nur zwei wurden älter als drei Jahre. Ihr Grabmonument ziert die Königskathedrale St-Denis in Paris. Erst 18 Jahre später gelingt es 1532 König Franz I., Gemahl ihrer Tochter Claudia, bei einer Ständeversammlung in Vannes die Heilige Union der Bretagne mit Frankreich zu proklamieren. Geblieben sind viele Vorteile, die Anne ihrem Volk von ihren Königsgatten herausschinden konnte, z. B. die Mautfreiheit auf bretonischen Straßen. In Andenken an ihre Eltern ließ sie ein herrliches Renaissancegrabmal aus weißem und schwarzem Marmor in der Kathedrale von Nantes erbauen.

ASTERIX UND OBELIX

Der pfiffige kleine Schnauzbartträger und sein superstarker, liebenswerttumber Kumpan erblickten 1959 in dem Magazin „Pilote" das Licht der Welt. Humorvoll und bauernschlau erleben sie seitdem haarsträubende Abenteuer und behaupten sich derb raufend gegen strohdumme römische Legionäre. Markenzeichen der Comics sind durchweg gut recherchierte historische Hintergründe, sodass sie auch als flotte Geschichtslektüre durchgehen. Heute produziert Zeichner Uderzo die Hefte mit der Tochter von Texter René Goscinny, der 1977 bei einer Herzuntersuchung einen tödlichen Herzinfarkt erlitt. Das Dorf der unbeugsamen Helden suchen Sie in der Bretagne allerdings vergebens, der *Parc Asterix* befindet sich ausgerechnet vor den Toren Lutetias (Paris).

BAUERN- UND FISCHERKATEN

Ein typisch bretonisches Bauernoder Fischerhaus? Zwei Kamine, ein Raum, null Garten, Granit. Die niedrige Kate hat oft keinen Außenstall, sodass der Bauer im Winter von der Körperwärme seiner Rinder oder Pferde profitierte, die im selben Haus schliefen. Brennmaterial war teuer: An der stürmischen Küste verfeuerte man getrocknete Algen oder Rinderdung im Westkamin, in dem am meisten Zug und damit die Heizung ist. Der Ostkamin ist die Kochstelle und dazwischen standen Möbel als Raumteiler. Ein Fischerhaus sieht ähnlich aus, hat aber eine Giebelluke, durch die zum Schutz vor Stürmen an manchen Tagen der Mast des Segelboots ins Haus gestellt wurde. Gärten hatten die Bauern zu dieser Zeit (15.–18. Jh.) nicht, Arbeit zählte damals mehr als Erbauung und Muße. Zwischen den 1930er- und 1950er-Jahren bauten viele Bauern des Finistère immense Residenzen, *Maisons de Patates,* die durch die hohen Erlöse aus dem Kartoffelanbau finanziert wurden.

FAUNA

Während im Binnenland Rot- und Schwarzwild, Fuchs, Dachs und Nager leben, besteht an der Küste mit Großem Kormoran, Trottellumme, Tordalk, Papageitaucher, Eissturmvogel und den allgegenwärtigen Möwenscharen (Mantel-, Silber-, Dreizehen- und Lachmöwe) eine einzigartige Seevogelvielfalt. Mit sehr viel

Glück können Sie die zuweilen gar mit Delphinen gemeinsam veranstaltete Sardinen- und Makrelenjagd des Basstölpels erleben, bei der sich der

aufgeforstet. Heute schützen einige Naturschutzgebiete und -parks die verbleibenden Waldgebiete. An geschützten Stellen der Küste gedeihen

Impressionen vom Ende der Welt: blühendes Heidekraut im Finistère

Seevogel aus großer Höhe ins Wasser stürzt. Delphine und Tümmler jagen bei Flut oft nahe der Küste. Grind- und Finnwale sehen Sie manchmal bei Bootstouren. Im Frühjahr ziehen die weltgrößten Fische, die bis zu 15 m langen, aber völlig friedlichen Walhaie, am Finistère vorbei in Richtung Norden.

Heidepflanzen, die den Salzwinden trotzen, z. B. auf der Halbinsel Crozon. Im Morbihan wachsen mediterrane Pinien, Palmen, Orchideen und Mimosen. Die üppig blühende Bauernhortensie ist die Lieblingsblume der Bretonen, zu deren Ehren sogar Volksfeste (Perros-Guirec) stattfinden.

FLORA

Viele alte Wälder wurden einst dem Schiffbau geopfert und wegen des rauen Küstenklimas nicht wieder

KORSAREN

Sie stammen nicht aus Korsika und sind auch keine Piraten. Der Begriff *course* bezeichnet einen per Kaperbrief des Herzogs oder Königs legitimierten Raubzug gegen Schiffe und Häfen von Kriegsfeinden, meist der Engländer und Holländer. Konnte ein Räuber auf See keinen Kaperbrief vorweisen, galt er als Pirat. Der Erfolg der Korsaren war immens: Mit meist kleinen und wendigen Schiffen erbeuteten sie große feindliche Handelsschiffe und schwammen im Reichtum. Viele wollten aber auch den Ruhm und nahmen daher bald feindliche Kriegsschiffe aufs Korn. Das freute Paris, das gegnerische Flottenverbände mitunter erheblich dezimiert sah und dafür nicht einen Heller investieren musste. Besonders erfolgreich im Korsarenkrieg (Höhepunkt Ende des 17. bis Anfang des 19. Jhs.) waren die aus St-Malo stammenden Duguay-Trouin und Surcouf. Der Kaperbrief wurde 1856 auf einem Pariser Kongress abgeschafft.

LEUCHTTÜRME

Die Küste der Bretagne gilt als eine der gefährlichsten der Welt. Früher befestigte man in vielen Küstenorten Laternen an eng angepflockten Kühen und trieb so unerfahrene Kapitäne bei Nebel in die Irre – und deren Schiffe auf die Klippen. Das Strandrecht ließ dann die Ladung eilig ihren Besitzer wechseln. Heute gibt es hier eine der höchsten Leuchtturmdichten der Welt. Viele Türme wurden kühn an Gefahrenstellen weit draußen im Meer errichtet (an Ar Men vor der Insel Sein baute man 14 Jahre) und mit dem 1823 von Augustin Fresnel erdachten Linsensystem versehen. Sie sind meist automatisiert, was Seeleute wenig verzückt: Bisher gaben die Leuchtturmwärter per Funk Infos über Dünung, Wind, Schiffsverkehr und besondere Gefahren. Auf Ouessant steht der stärkste Leuchtturm der Welt (500 Mio. Candela Leuchtstärke, 63 km Reichweite) und auf der kleinen Île Vierge Europas höchster (gleichzeitig höchster Steinleuchtturm der Welt).

LOIRE-ATLANTIQUE

Bretagne oder nicht? Historisch gesehen ist das Departement, das zunächst Loire-Inférieure hieß, Herz und Machtzentrale der früher unabhängigen Bretagne. In der alten Hauptstadt Nantes steht noch heute das Herzogschloss.

Bretonische Separatisten hatten die Gunst der Stunde im Zweiten Weltkrieg zu nutzen versucht und wollten im Falle der Befreiung Frankreichs von den Deutschen auch gleichzeitig die bretonische von Frankreich durchsetzen. 1941 wurde dann nach einem Dekret des Vichy-Regimes das Departement, Hauptsitz der Unabhängigkeitskämpfer, in die eigens erschaffene Region Pays de la Loire ausgegliedert.

PARDONS

Die erzkatholische Bretagne zählt so viele (Volks-)Heilige wie das Jahr Tage. Auf Pardons werden sie gebührend gefeiert. Bei diesen Prozessionen wird der oder die Heilige (oft die hl. Anna, die laut Legende aus dem Finistère stammt) als Figur oder Banner vorangetragen, gefolgt vom Tross der Gläubigen. Das sind mitunter

Tausende, wie in Locronan oder Ste-Anne-la-Palud. Bei den jahrhundertealten Wallfahrten wird häufig noch Tracht getragen, gesungen und hinterher meist zünftig gefeiert.

SCHLÖSSER & BURGEN

Zweifellos stehen die bekanntesten *Châteaux* Frankreichs an der Loire und in Versailles. Aber auch die Bretagne wartet mit einer Unzahl trutziger Burgen auf. Den Begehrlichkeiten der französischen Krone hielt man bis zum 16. Jh. mit vielen Grenzfesten stand, zum Beispiel in Combourg, Vitré, Châteaubriand und Fougères (größte mittelalterliche Festungsanlage Europas). Älter sind die Küstenburgen, die vor Attacken der Wikinger und Engländer schützten. Reine Landsitze sind die imposanten *Malouinières* der Korsaren und Reeder im Hinterland von St-Malo oder die schönen Herrenhäuser des Finistère.

VAUBAN

„Eine von Vauban befestigte ist eine gerettete, eine von Vauban angegriffene eine verlorene Stadt." Sébastien Le Prestre Marquis de Vauban (1633–1707) war einer der einflussreichsten Persönlichkeiten des französischen Königreichs, dem er 53 Jahre diente. Das Multitalent (General, Marschall, Festungsbaumeister, Schriftsteller, Philosoph, Politiker) genoss eine enge Beziehung zu Ludwig XIV., der ihm blind vertraute. Der Sohn aus bescheidenem burgundischem Landadel erbaute oder modifizierte 160 Festungsanlagen, allein in der Bretagne 28 (u. a. in Camaret, Brest, Concarneau, St-Malo). Sogar Stadtgründungen gehen auf sein Konto (z. B. Saarlouis).

Wehrhaft ragt das alte Fort La Latte aus dem tiefblauen Meer

JEDER TAG EIN FEST

Die Bretonen lieben das Feiern. Gibt es mal keine Gelegenheit, dann schaffen sie sich eben selbst eine

> In jedem Ort gilt es, Schutzheilige oder besondere Spezialitäten (Austern, Erdbeeren, Kohl) würdig zu ehren: Das muss man feiern! Beim urtümlichen Nachtfest, dem *fest-noz,* trifft man sich zu Crêpes, Cidre und Keltenmusik auf dem Dorfplatz, in der Scheune oder der Turnhalle. Eines der größten ist das ▶▶ *Printemps de Châteauneuf (www.printemps-de-chateauneuf.org)* zu Ostern. Wenn sich dann Bauer, Managerin, Friseurin, Lehrling und Punk zum Tanz unterhaken, schwinden alle Standesgrenzen. Eine vollständige Liste aller Feste gibt es nicht – aktuelle Informationen finden Sie in den (regionalen) Tageszeitungen und auf Plakaten. Ständig aktualisierte Veranstaltungstipps finden Sie auf *www.resonances-bretagne.org,* Rubrik Agenda.

▊ OFFIZIELLE FEIERTAGE ▊

1. Jan. *(Nouvel An, Neujahr);* **Ostermontag** *(Lundi de Pâques);* **1. Mai** *(Fête du Travail, Tag der Arbeit);* **8. Mai** *(Fin de la Guerre en Europe, Ende des Zweiten Weltkriegs);* **Christi Himmelfahrt** *(Ascension);* **14. Juli** *(Fête Nationale, Nationalfeiertag);* **15. Aug.** *(Assomption, Mariä Himmelfahrt);* **1. Nov.** *(Toussaint, Allerheiligen);* **11. Nov.** *(Armistice, Ende des Ersten Weltkriegs);* **25. Dez.** *(Noël, Weihnachten)*

▊ FESTE UND VERANSTALTUNGEN ▊

Juni
Jammen Sie mit, wenn zur *Fête de la Musique* (21. Juni) landesweit kostenlose Straßen- und Kneipenkonzerte stattfinden!

Juli
Im Sommer rocken Sie donnerstagabends bei den Gratiskonzerten der ▶▶ *Jeudis du Port* im Hafen von *Brest* ab.
Bretonische Folklore gibt es in *Quimper* von Mitte bis Ende Juli beim *Festival de Cornouaille (www.festival-cornouaille.com)* und von Juli bis September donnerstagabends im Bischofsgarten bei den *Jeudis de l'Evêché.*

Aktuelle Events weltweit auf www.marcopolo.de/events

> EVENTS
FESTE & MEHR

Am dritten bzw. vierten Juliwochenende bevölkern auf Mittelalterfesten Prinzessinnen, Ritter und Gaukler die Straßen von *Dinan* (nur bei gerader Jahreszahl) und *Hennebont*.

Deep Purple, REM, Iggy Pop, Patti Smith, James Brown, Tricky u. a. waren schon bei den Mitte Juli stattfindenden *Vieilles Charrues* in *Carhaix* zu Gast *(www.vieillescharrues.asso.fr)*.

Jazzfreunde pilgern Mitte bis Ende Juli zum Festival in *Vannes*.

Die *Tombées de la Nuit* verwandeln Ende Juli die Altstadt von Rennes in eine riesige Freilichtbühne mit Theater- und Musikspektakeln *(www.lestombeesdelanuit.com)*.

August
Weltmusik bietet das drei Tage dauernde *Festival du Bout du Monde* in *Crozon* zu Beginn des Monats. Das zehntägige ▶▶ *Festival Interceltique* in *Lorient* ist Frankreichs größtes Kulturfestival und *der* Treffpunkt für Liebhaber keltischer Folklore und Musik aus aller Welt *(www.festival-interceltique.com)*.

Hortensienfest in *Perros-Guirec* am zweiten Augustwochenende

Dezember
Marilyn Manson, die Fugees, die Beastie Boys und Kraftwerk spielten schon auf den dreitägigen  *Transmusicales* Anfang Dezember in Rennes, wo sich auch Newcomer vorstellen *(www.lestrans. com)*.

Insider Tipp

◼ SCHÖNE PARDONS ◼◼◼

Juli
Ste-Anne-d'Auray (26. Juli);
Le Vieux-Marché, Siebenschläferkapelle: islamisch-christlicher Pardon (4. Julisonntag)

August
Porcaro: *Marienmesse* (15. Aug.) für Tausende Biker. Danach wird abgerockt *(http://madonedesmotards.com)*.
Ste-Anne-la-Palud (letztes Augustwochenende)

Insider Tipp

> ESSEN WIE GOTT IN DER BRETAGNE

Die stolzen Bretonen lieben ihre urige Cuisine – wohl auch, weil sie nicht typisch französisch ist

> **Mittags Platz in einer Crêperie zu finden, ist Glückssache: Alle lieben die traditionelle, von Bauern kreierte Nationalspeise. Der saftige Buchweizenmehlfladen *Galette Complète* wird mit Schinken, Reibkäse und Spiegelei belegt.**

Danach kommen auf die hauchdünne Weizenmehlcrêpe, die *Beurre-Sucre,* Salzbutter und Zucker. Apropos: Crêpes sind *keine* Pfannkuchen, sie werden nicht in der Pfanne, sondern auf randlosen, gleichmäßig von Gasflämmchen beheizten Gusseisenplatten zubereitet.

Zum Nationalgericht das Nationalgetränk: bretonischer Cidre, vergorener Most aus Spezialäpfeln, fruchtiger als der saure normannische Cousin. Achtung: Guter *Cidre Brut* hat oft einen Alkoholgehalt von über 5,5 Prozent – und damit mehr als so manches Bier!

In der Bretagne müssten Sie schon selbst tauchen, um Fisch noch fri-

Bild: Restaurant in Vannes

ESSEN & TRINKEN

scher als in den vielen guten Restaurants zu bekommen. Gleich nach dem Fang und kurz nach der darauffolgenden Auktionsversteigerung landen Goldbrasse *(daurade)*, Petersfisch *(St-Pierre)* und Roter Knurrhahn *(grondin)* zu zartem Gemüse auf den Tellern. Begehrt sind Seehecht vom Grill *(merlu)*, zarter Gefleckter Lippfisch *(vieille)*, Rochen *(raie)*, die furchterregend aussehenden Seeteufel *(lotte)* und Seeaal *(congre)*. Exquisit: der an der umtosten Pointe du Raz mutig von kleinen Fischerbooten aus geangelte Wolfsbarsch *(bar de ligne)*. Meiden Sie Lachs *(saumon)*, der oft aus ökologisch bedenklicher Zucht kommt – als Futter benötigt man für 1 kg Lachs 10 kg Frischfisch! Damit Sie sich beim Fischhändler oder im Supermarkt nicht vertun: Fisch und Meeresfrüchte aus Zuchtanlagen tragen den Zusatz *d'Élevage* oder *élevé*.

Austern nippen Sie besser pur und nicht wie nach Pariser Unart mit Zitrone, Essig oder Weißwein beträufelt. Nur so kann das leckere Tierchen nämlich erst sein vollendetes Aroma entfalten. Jakobsmuscheln aus St-Brieuc werden in der Schale überbacken.

Zeit sollte keine Rolle spielen beim Genießen von Meeresfrüchteplatten mit Meerspinne *(araignée)*, Taschenkrebs *(tourteau)*, Seeigel *(oursin)*, Languste und Garnelen *(crevettes)*. Dabei sollten Novizen keine weißen Hemden tragen, da der Umgang mit dem Essbesteck einer

> SPEZIALITÄTEN
Genießen Sie die typisch bretonische Küche!

■ SPEISEN

Cancalaise – Auster mit kräftigem Aroma

Cotriade – Mutter aller bretonischen Fischsuppen. In Kartoffelbouillon gekochter Fisch auf geröstetem Landbrot, mit der Brühe übergossen

Far Breton – Süßer Milch-Eier-Auflauf mit Backpflaumen oder Äpfeln. Far ist immer Breton, der Namenszusatz also eigentlich überflüssig

Galette Complète – urtümliche Buchweizencrêpe der Bauern, mit Schinken, Käse, Ei und viel gesalzener Butter

Godaille – Südbretonische Suppe: Scholle, Lippfisch, Seeaal, Tintenfisch und Rochen in Liaison mit Kartoffel, Lauch, Kräutern, Zwiebeln

Kouign Amann – wörtlich Butterkuchen. Salzbutterstrotzende süße Sünde aus Douarnenez. Warm zu essen!

Moules Marinières – ein Fest: Miesmuscheln in Sud aus Weißwein, Petersilie, Thymian, Zwiebel, Knoblauch (Foto)

Ragoût de Mouton aux Navets – eine Spezialität des Morbihan: Hammel mit weißen Rübchen

Saucisses de Molène – Wurst aus grob zerhacktem Fleisch von Inselschweinen, mit Napfschnecken gefüllt und über Algen geräuchert

■ GETRÄNKE

Chouchenn – von Kelten eingeführtes Rauschgetränk aus mit Honig vergärten Früchten. Begleitet Crêpes, Fisch oder Fleisch

Cidre – edlerer Cousin normannischen Apfelweins: aus besseren Apfelsorten, oft in Eichenfässern vergoren. Zu Galettes, Crêpes, Fleisch, Fisch und Käse

Lait Ribot – fällt wie Buttermilch bei der Buttererzeugung an, ist aber dickflüssiger und pikanter. Bei Kindern und Puristen beliebt. Einst aßen Bauern klein geschnittene Buchweizencrêpes mit Lait Ribot vermengt

Lambig – der „bessere" Calvados aus dem Finistère

gewissen Einübung bedarf. Die oft als Aperitif-Häppchen gereichte Kleine Schwarze Strandschnecke *(bigorneau)* gilt als gesündeste der bretonischen Meeresfrüchte und wird mit zahnstocherähnlichen Holzstäbchen aus ihrem Häuschen geholt. Eine Delikatesse ist bretonischer Blauer Hummer *(homard)*.

Auf Ouessant und am Mont-St-Michel reicht man an Festtagen Salzwiesenlamm *(agneau des prés salés)*, im Finistère uriges *Kig ha Fars,* bei dem Rinderhaxe, Schinkenspeck und Schulterfleisch mit Lauch, Möhren, Sellerie und einem Jutebeutel (!) mit Teig aus Buchweizenmehl, Rahm und Butter über drei Stunden lang gekocht werden. Kosten Sie das doch einmal – allerdings nur nach vorheriger Reservierung – in der *Ferme Auberge du Seillou* in Rosnoën, *Tel. 02 98 81 92 21 | www.fermeauberge duseillou.com | €).* Während der Hochsaison im Juli und August ist das Restaurant montags geschlossen, *Kig ha Fars* bekommen Sie Samstag mittags und abends, Dienstag abends und Donnerstag abends. Von September bis Juni ist nur an Wochenenden geöffnet, *Kig ha Fars* gibt es dann am Samstag.

Insider Tipp

Ein weiterer Genuss sind die gedämpften Blütenblätter der Artischocke: Sie werden in Vinaigrette oder Béchamelsauce gedippt und ausgelutscht, das Herz nach Entfernen des Heus zum Saucenrest verspeist.

In Paimpol brät man *Coco,* die strohgelbe, violett marmorierte Stangenbohne mit delikatem Nussaroma, in Salzbutter.

Bretonen frühstücken kurz (Café und Croissant). Die Mittagspause in-

des ist heilig: Kurz vor 12 Uhr geht nichts mehr! Das Diner gibt es kaum vor 19 Uhr; Abendbrot wie bei uns üblich ist unbekannt, es wird warm gegessen. Seien Sie also demnach nicht ungehalten, wenn es in kaum

Eine Meeresfrüchteplatte wird vorbereitet

einem Restaurant, auch nicht in denen der Hotels, vor 19 Uhr etwas zu essen gibt.

Oft gibt es zwei „Desserts": Erst kommt der Käse und dann etwas Süßes auf den Tisch. Apropos Käse: Wahre Bretonen – und auch Normannen – schneiden bei reifem Camembert erst die Rinde ab und verspeisen nur das weiche Innere, den „Teig". Und: Sie trinken dazu keinen Rotwein, sondern *Cidre Brut. Lambig,* Ahne des Calvados, beschließt mit einem *café* das Mahl.

QUAL DER WAHL

Einkaufen macht Spaß in der Bretagne: Das Angebot ist riesig, die Preise halten sich in Grenzen

> Das gilt zumindest, wenn Sie sich an bestimmte Regeln halten: In den Altstädten der Tourismushochburgen ist natürlich fast alles teurer. Einheimische kaufen selbst hochwertige Frischprodukte daher im Supermarkt auf der grünen Wiese oder im Gewerbegebiet. Trotzdem ist auch der Besuch kleiner Fachgeschäfte oder der Wochenmärkte interessant: Die Beratung ist gut, Sie unterstützen lokale Erzeuger, und die frischen Waren sind selten teuer. In der Bretagne herrscht kein einheitlicher Ladenschluss. Die meisten Geschäfte sind von 9 bis 12.30 und von 14 bis 19 Uhr geöffnet, Supermärkte, auch am Samstag, oft bis 20 oder 21 Uhr, mitunter auch am Sonntagvormittag. Ruhetage und Mittagspausen regeln die Ladenbesitzer individuell.

◼ FESTES ◼

Gourmets lieben *Fleur de Sel,* Salzblume. Es lohnt sich, inmitten der Salinen auf der Halbinsel Guérande direkt beim Salzgärtner einzukaufen (1 kg ca. 9 Euro). Und wenn Sie schon einmal da sind, suchen Sie nach der Salzpflanze *Salicorne* (Queller; meist im Glas), die Sie als Salat verwenden oder wie grüne Bohnen braten können.

Ihr Zahnarzt freut sich, wenn Sie die bunten Fruchtdrops *Berlingots Nantais* oder köstliche Salzbutterbonbons, *Caramels au Beurre Salé,* lutschen.

Wenn Sie vor Kalorienbomben nicht zurückschrecken: Buttergebäck ist besonders buttrig bei den Firmen *Filet Bleu, Traou Mad* oder *Biscuiterie de la Pointe du Raz.*

◼ FLÜSSIGES ◼

Die Bretagne ist wegen des rauen Klimas kein klassisches Weinanbaugebiet. *Muscadet* (Melon-de-Bourgogne-Rebe) und *Gros-Plant* (Folle-Blanche-Rebe) aus der Gegend um Nantes sind einfache, fruchtig-frische Weißweine und damit gute Begleiter von Meeresfrüchten. Das war es aber eigentlich auch schon. Entdecken Sie also lieber guten Cidre! Nicht den den eher säuerlichen und

> EINKAUFEN

weniger fruchtigen aus dem Val de Rance, sondern einen Fermier oder Brut der Appellationen Fouesnant oder Cornouaille – sie gelten als weltbeste. Gleiches gilt für den Apfelbrand *Lambig,* den bretonischen Vetter des Calvados. Selbst unter Franzosen wenig bekannt ist zu Unrecht der fruchtige Apfellikör *Pommeau,* der auch als Aperitif getrunken wird. Apropos Aperitif: Natürlich haben Bretonen längst einen Appetitanreger auf Algenbasis kreiert. Er heißt *Alguane* und schmeckt delikat – und den haben Ihre weit gereisten Nachbarn, die schon alles gesehen haben, bestimmt noch nicht probiert!

■ MODE ■

Auch Bretonen mögen es gern schick. Clevere suchen in den *Comptoirs de la Mer (www.comptoirdelamer.net)* der Fischereikooperativen nach modischer, wind- und wasserfester Kleidung. Ausgehmantel, Fischerhemd, Regenjacke und Kapitänsmütze von *St-James, Guy Cotten, Royal Mer, Le Glazik* oder *Helly Hansen* sind dort zu günstigen Preisen zu finden. Bekanntestes Kleidungsstück der Bretagne ist das blau-weiß gestreifte Matrosenhemd *Marinière,* seit 1858 offiziell von der Marine und längst auch von modebewussten Damen und Herren getragen.

■ UND SONST? ■

Wellnessjunkies stehen für die Thalassotherapie daheim auf Körperpflegeprodukte und Massageöle auf Algenbasis. Ästheten blättern in Buchläden in großformatigen Bretagne-Bildbänden, die jeden Amateurfotografen vor Neid erblassen lassen. Dort können Sie auch für etwa die Hälfte des deutschen Internetversandhandelspreises das zwar nicht besonders schöne, aber praktische Deutsch-Bretonische Wörterbuch von Gerard Cornillet erstehen. Wenn Sie auf der Suche nach Antikmöbeln oder Grandmères Spitzendeckchen sind, dann sollten Sie auf den vielen Flohmärkten *(marché aux puces)* der Region danach ausschauen.

> WO DIE BRETAGNE SCHON FAST FRANKREICH IST

An der alten bretonischen Grenze zu Frankreich ist noch am ehesten romanischer Einfluss spürbar

> Die Flüsse Ille und Vilaine durchziehen die Regionshauptstadt Rennes, nahe der einst umkämpften Ostgrenze des ehemaligen Herzogtums und späteren Königreichs Bretagne zu Frankreich. Hier imponieren düster-gewaltige Burgen. Französischer Einfluss ist ringsum erkennbar.

In Rennes mit seinen Boulevards, Prachtbauten und französischen Gärten sprach und spricht man teilweise heute noch Gallo, einen brito-romanischen Dialekt des Französischen.

Städter zieht es nicht nur an die Küste, sondern auch ins waldige, sanft von Hügeln und anmutigen Flüsschen durchzogene Hinterland. In ruhigen Dörfern mit rötlichen Granitfassaden klappen auch im Sommer spätestens ab 22 Uhr die Trottoirs hoch. Wem das zu früh ist oder wer lieber Wellen- statt Laubrauschen hört, der fährt an die nahe Küste. Vom „Wunder des Abendlands", dem Mont-St-Michel, über das frühere

Bild: Mont-St-Michel

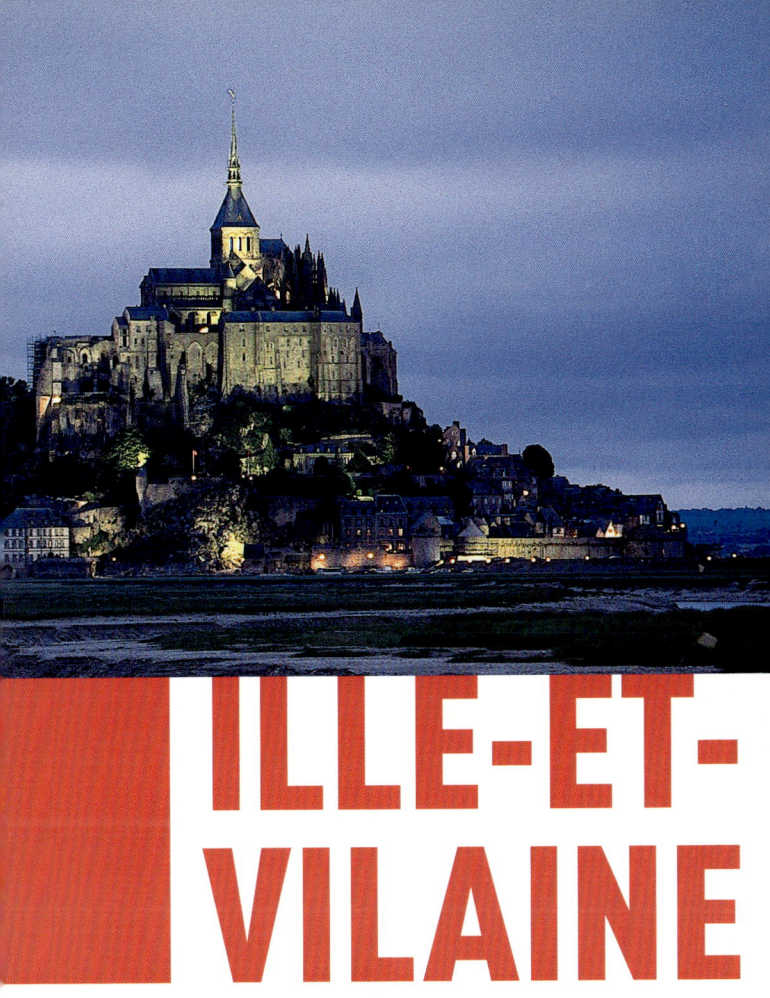

ILLE-ET-VILAINE

Korsarennest St-Malo bis an die schicken Seebäder rund um Dinard reicht die Smaragdküste mit goldgelben Sandstränden und türkisfarbenem Wasser.

RENNES
[123 E6] Moderne Boutiquen, die futuristische U-Bahn und eine mittelalterliche Altstadt setzen die Akzente in der größten Stadt der Bretagne (210 000 Ew.). Dabei wäre von den schönen Häusern beinahe nichts mehr übrig geblieben, als 1720 ein Großfeuer wütete, das nur wenige Straßen verschonte.

An sonnigen Wochenenden ist Rennes zuweilen wie ausgestorben, wenn vor allem die Bewohner der wenig einladenden Vorstädte, der *banlieues,* zu den Stränden strömen. Die mehr als 60 000 Studenten machen dagegen die Nacht zum Tag, besonders im Viertel rund um die

Place Ste-Anne, wo die meisten Bars und Kneipen in schönen Fachwerkhäusern aus dem 16. Jh. untergebracht sind.

Bunte Altstadt: Fachwerkhäuser in Rennes

■ SEHENSWERTES ■

ALTSTADT
In den gepflasterten Gässchen zwischen dem alten Stadttor *Portes Mordelaises* und der Kathedrale stehen die vom Großfeuer im Jahr 1720 verschont gebliebenen bunten Fachwerkhäuser. Schönstes ist die *Insider Tipp Maison du Guesclin (3, rue St-Guillaume)* aus dem 14. Jh. Die düstere *Kathedrale* (1787–1844) birgt ein schönes Marienretabel (16. Jh.) und eine rare neoklassizistische Kassettendecke.

JARDIN DU THABOR
Hort der Ruhe: Im Osten der City liegt der *parc à la française* mit hübschem Rosengarten. Bei den Fontänen können Sie herrlich entspannen.

MUSÉE DES BEAUX-ARTS
Das Museum der schönen Künste erfreut u. a. mit Werken von Pablo Picasso, der Schule von Pont Aven und der monumental-barocken „Tigerjagd" von Peter Paul Rubens. *20, quai Emile Zola | www.mbar.org | Di 10–18, Mi–So 10–12 und 14–18 Uhr | Eintritt 4,30 Euro*

MUSÉE DE BRETAGNE
Idealer Einstieg in die bretonische Geschichte: Sammlungen zur Vorgeschichte, den Galliern, zum Mittelalter und zur Zeit nach dem Anschluss der Bretagne an Frankreich. *10, cours des Alliés | Di 12–21, Mi–Fr 12–19, Sa/So 14–19 Uhr | Eintritt 4 Euro*

PALAIS DU PARLEMENT
Der 1655 nach 37 Jahren Bauzeit fertiggestellte Parlamentspalast brannte 1994 beinahe ab, wurde aber aufwendig restauriert. Hier hängen herrliche Wandteppiche. In der *Grand' Chambre* beeindruckt eine vergoldete Holzdecke.

PLACE DE LA MAIRIE
Der weitläufige Platz wird im Osten von der in einen Wohn- und Geschäftskomplex integrierten Oper (19. Jh.) und im Westen vom klassizistischen Rathaus (18. Jh.) begrenzt.

ESSEN & TRINKEN

L'AMIRAL
In modernem Ambiente werden vor allem Fisch und Meeresfrüchte serviert. *2, boulevard de la Tour d'Auvergne | Tel. 02 99 35 03 91 | kein Ruhetag | €–€€*

CRÊPERIE SAINT-GEORGES
Hier bringen freche Ideen Sturm und Drang in die Crêpes! Kostprobe gefällig? Georges Clemenceau mit Camembert, Rosinen, Schinken und Camembert-Eis! Gewagt: Karamellisierte Marshmallows veredeln süße Crêpes. *31, rue St-Georges | Tel. 02 99 38 87 04 | So/Mo geschl. | www.creperie-saintgeorges.com | €–€€*

TAVERNE DE LA MARINE
Typisch elegantes französisches Bistro, gute Mittagsmenüs zu fairen Preisen. Der Beiname *Brasserie de la Mer* ist Programm: Auf der Speisekarte wimmelt es geradezu von Fischen. *2, place de Bretagne | Tel. 02 99 31 53 84 | kein Ruhetag | €–€€*

EINKAUFEN
Samstagmorgens versorgt Sie auf dem ehemaligen Ritterturnierplatz (*Place des Lices*) der zweitgrößte Wochenmarkt Frankreichs mit frischen Produkten aus der Region. Leseratten besuchen jeden 2. und 4. Samstag im Monat den Buchmarkt auf der *Place Ste-Anne.* So manches Schnäppchen erstehen können Sie auf dem Trödelmarkt auf dem *Boulevard de la Liberté (Do 7–14 Uhr).*

ÜBERNACHTEN

HÔTEL DE LÉON
Kleines, sympathisches Cityhotel etwas außerhalb des großen Trubels. *11 Zi. | 15, rue de Lyon | Tel. 02 99 30 55 28 | www.hotel-de-lyon. fr | €*

HÔTEL NEMOURS
Die renovierten Zimmer halten, was das elegante Foyer verspricht: warme Farben und eine geschmackvolle, moderne Einrichtung. Die Bäder sind vergleichsweise klein. *29 Zi. | 5, rue de Nemours | Tel. 02 99 78 26 26 | www.hotelnemours.com | €–€€*

AM ABEND

L'AVENTURE
Sie können die französischen Chansons der letzten 100 Jahre mitsingen? Dann sind Sie bei Emma goldrichtig,

MARCO POLO HIGHLIGHTS

⭐ **Mont-Saint-Michel**
Das Granitbollwerk des prächtigen Klosterbergs ragt aus einer grandiosen Wattlandschaft empor (Seite 42)

⭐ **Saint-Malo**
Einst gefürchtete, wuchtig-bedrohliche Korsarenfestung, umgeben von schönen Sandstränden (Seite 37)

⭐ **Brocéliande (Forêt de Paimpont)**
Mit Druiden, Feen und Dämonen bevölkerte Legenden und Sagen ranken sich um den alten Zauberwald (Seite 34)

⭐ **Fougères**
Größe ist nicht alles: Europas größte mittelalterliche Festung wurde mehrfach eingenommen (Seite 36)

die im früheren Gefängnishof von St-Michel (14. Jh.) seit über 20 Jahren diese Bar betreibt. Es ist schon ein Erlebnis, wenn das versammelte Publikum urplötzlich in die Refrains seiner Lieblingslieder einstimmt. Das Ambiente ist legendär: ausgestopfte Tiere, barocke Ledersofas und Riesenspiegel. *7, allée Rallier-du-Baty | So/Mo geschl.*

BISTROT DE LA CITÉ ▶▶

Künstlertreff der Independent- und Undergroundszene. Hier kennt jeder jeden – und Sie bald auch! *7, rue St-Louis | kein Ruhetag*

BOB PUB

Mehrgeschossige Bar mit gemütlichen roten Bänken und schummriger Beleuchtung; große Auswahl an Cocktails. *12, rue de la Parcheminerie | kein Ruhetag*

DEJAZEY CLUB

Studenten, Alt-68er und Etablierte bevölkern den Club, in dem Elektro, Lateinamerikanisches und französische Chansons aus den Boxen dröhnen. An Wochenenden gibts an der hinteren Bar Konzerte und DJ-Sets. *54, rue St-Malo | So geschl.*

NATIONALTHEATER

Bunte Spielpläne und profilierte Ensembles geben genug Gesprächsstoff für die (vielleicht) anschließende Thekennacht. Der Vilarsaal wurde detailnah zur griechisch-antiken Bühne umgestaltet. *Théâtre National de Bretagne | 1, rue St-Hélier | Tel. 02 99 31 12 31 | www.t-n-b.fr*

■ AUSKUNFT ■■■■■■■■

OFFICE DE TOURISME
11, rue St-Yves | Tel. 02 99 67 11 11 | www.tourisme-rennes.com

■ ZIELE IN DER UMGEBUNG ■

BROCÉLIANDE (FORÊT DE PAIMPONT) ★ [122 C6]

Lange wurde der Schauplatz der Gralslegende und Artussage aus Angst vor Gnomen und Geistern ge-

> BLOGS & PODCASTS
Gute Tagebücher und Files im Internet

> *www.blog.belle-ile-en-mer.de* – Privatblog von Liebhabern dieser Insel mit Lobeshymnen und Touristentipps (Kommentare zu Hotels, Restaurants etc.); Amateurclip von der Côte Sauvage bei Wintersturm unter „Filme".

> *http://blog.ouest-france.fr* – Französischer Redaktionsblog der bretonischen Gazette Ouest-France zum aktuellen regionalen, aber auch (inter)nationalen Tagesgeschehen

> *http://radio.stalig.com* – Privatvereinsportal zur Verbreitung bretonischsprachiger Radioprogramme in hoher Qualität (MP3- u. OGG-Dateiformat)

> *www.wdr5.de/sendungen/neugier-genuegt* - Stimmungsvoll vertonter WDR-Podcast (8 Min., geben Sie „Finistère" im Suchfeld ein) aus dem Südfinistère. Auch Einheimische kommen zu Wort.

mieden. Der einst riesige Zauberwald rund um das verträumte Dorf Paimpont (1500 Ew.), 41 km westlich von Rennes, umfasst heute noch etwa 70 km². Auf einer vom Verkehrsamt erarbeiteten <mark>Rundstrecke</mark> (ca. 70 km) wandeln Sie romantisch auf Merlins

Lancelot-vom-See nennt. Weiter geht die Fahrt zum efeuüberwucherten Schloss *Rox* (18. Jh.) und zu der über 1000-jährigen Eiche, in der sich während der Revolution ein Priester unerkannt versteckte. Eine schöne Gelegenheit zum Spaziergang: Folgen

Im Zauberwald Brocéliande können Sie Merlins Spuren folgen

Spuren. Sie führt zu seinem Grab *(Tombeau de Merlin),* dem spärlichen Rest eines Dolmens, an dem Kelten immer noch Zettel mit vertraulichen Wünschen und Danksagungen anbringen (bitte nicht lesen!). Am nahen Jungbrunnen, *Fontaine de Jouvence,* finden zuweilen Kindstaufen statt.

In dem von Merlin auf dem Grund des Sees von Comper errichteten Kristallschloss zog die Fee Viviane Lancelot groß, den man daher auch

Sie nahe dem Dorf *La Folle Pensée,* in dem Druiden einst Geisteskrankheiten heilten, der Beschilderung *Fontaine de Barenton.* Sie führt zu der romantischen Waldquelle, an der Merlin seine geliebte Fee Viviane traf und heftig umgarnte. Ins *Val sans Retour* (Tal ohne Wiederkehr) sperrte Morgane, König Artus' Halbschwester, ihre untreuen Liebhaber, die gleich darauf von den „Nächtlichen Wäscherinnen" an einem Teich in ihr Verderben gelockt wurden. Erst Lancelot, in unbedingter Liebe zur Frau seines Königs Artus entflammt, durchbrach den Fluch. Bei *Tréhorenteuc* können Sie Ihr Auto abstellen, denn das Tal lässt sich nur zu Fuß erschließen. Der Weg am rechten Parkplatz führt am Flüsschen *Rauco* entlang zunächst an den *Miroir aux Fées* (Feenspiegel) und dann an den oben erwähnten Teich. Bei Schloss *Trecesson* schließlich steckte das Schwert Excalibur im berühmten Felsblock.

Wenn Ihnen nach so viel Magie der Magen knurrt, kehren Sie im herrlich altmodischen *Relais de Brocéliande* in Paimpont *(7, rue des Forges | Tel. 02 99 07 84 94 | kein Ruhetag | €–€€)* ein. Hier sind vor allem die Wildgerichte zu empfehlen.

COMBOURG [123 D4]

Als Kind lebte der Staatsmann und Romantiker François René de Chateaubriand (1768–1848) zwei Jahre in dem mächtigen Schloss (11. Jh.) 30 km nördlich von Rennes. Die Abgeschiedenheit in dem düsteren Gemäuer drückte ihm aufs Gemüt. Seine „Mémoires d'Outre-tombe" erinnern an jene Zeit. *Tgl. Juli/Aug. 11–17.30, April–Juni und Sept./Okt. 14–17 Uhr | Eintritt Park und Schloss 6,50 Euro*

FOUGÈRES ⭐ [123 F4–5]

Europas größte Mittelalterfestung (ab 12. Jh.) sicherte 54 km nordöstlich von Rennes die Grenze des Herzogtums Bretagne zum Königreich Frankreich. Ungewöhnlich ist die Insellage der mit 13 Türmen gespickten, fast komplett erhaltenen Wehrmauer, tief unten im Nançon-Tal; der Ort selbst (23 000 Ew.) befindet sich weiter oberhalb. *Place Pierre Symon | tgl. Mitte Juni–Mitte Sept. 9–19, April–Mitte Juni und Mitte–Ende Sept. 9.45–12 und 14–18, sonst nur bis 17 Uhr | Eintritt 3 Euro*

VITRÉ [123 F5–6]

Prächtige Fachwerkhäuser, geschützt durch die Ringmauer der wuchtigen Burg (11.–15. Jh.), ragen 40 km östlich von Rennes malerisch über dem Tal der Vilaine auf (16 000 Ew.). Die Straße nach Argentré führt zum *Château des Rochers-Sévigné,* **Inside Tipp** dem Schloss der Marquise de Sévigné (15. Jh.). Deren berühmter Briefwechsel mit Beschreibungen der Pariser Hofsitten ist ein literarischer Hochgenuss. Der hübsche *Jardin Français* erinnert an die Gärten von Versailles – kein Wunder, Gartenbaumeister André Le Nôtre entwarf beide Parks *(Mai–Sept. Mi–Mo 10–12.45 und 14–18, sonst Mo und*

Mi–Sa 10–12.15 und 14–17.30, So 14–17.30 Uhr | Eintritt 4 Euro).

In *Châteaubourg,* etwa auf halber Strecke zwischen Rennes und Vitré, liegt das Hotelrestaurant *Ar Milin (32 Zi. | 30, rue de Paris | Tel. 02 99 00 30 91 | www.armilin.com | €€–€€€)* in einem herrlichen Park mit 100 Baumarten aus aller Welt. *Milin* ist Bretonisch und heißt Mühle. In dem alten Granitbau über der Vilaine befinden sich denn auch die elf schöneren Zimmer.

Château Fougères wurde im 12. Jh. zur wehrhaften Burg ausgebaut

SAINT-MALO

KARTE IN DER HINTEREN UMSCHLAGKLAPPE

[122–123 C–D3] ★ Zu Gast bei Korsaren: Die mächtige Freibeuterfeste ragt imponierend aus dem Meer empor. Beim Flanieren auf der Ringmauer der schönsten Hafenstadt (53 000 Ew.) der Nordbretagne sehen Sie erhabene Korsarenpaläste, die gut befestigte Bucht mit Unmengen von Seezeichen, leuchtende Sandstrände, am Horizont das Cap Fréhel und die Kanalinseln. Die Stadt lebt heute vom Warenumschlag, von der Fischerei, etwas Industrie (Druckwesen, Elektronik, Bekleidung, Holzverarbeitung) und dem Tourismus.

SEHENSWERTES

CHÂTEAU

Rechts der *Porte St-Vincent* können Sie im Schlosshof die ab Ende des 14. Jhs. erbaute Festung bestaunen. In den Bauten des 17./18. Jhs. befindet sich das Museum zur Stadtgeschichte *(Musée d'Histoire de la*

SAINT-MALO

Ville | Esplanade Félicité Lamennais | Juli/Aug. tgl., sonst Di–So 10–12 und 14–18 Uhr | Eintritt 5,20 Euro).

FORT NATIONAL

Ist bei niedrigem Wasserstand die Trikolore gehisst, erreichen Sie trockenen Fußes das von Vauban erbaute Verteidigungsbollwerk mit den düsteren Kerkern. *Plage de l'Éventail | www.fortnational.com | tgl. Juni–Sept. und während der Schulferien | Zugang tidenabhängig | Eintritt 5 Euro*

GRAND BÉ

Auf dem Inselchen an der *Porte des Bés* befand sich früher ein Druidengrab, heute beherbergt es die unscheinbare Ruhestätte von François René de Chateaubriand. Hier bietet sich Ihnen ein schöner Blick auf Stadt und Bucht. Das Eiland ist nur bei Ebbe trockenen Fußes zu erreichen, beachten Sie die Tafeln mit den Tidenzeiten.

HÔTEL D'ASFELD

Das *Manoir*, Herrenhaus, besitzt auf 1200 m^2 59 Räume. Die Besichtigung der Residenz (1725) des Korsaren Magon de Lalande, eines der reichsten Reeder von St-Malo und Direktor der Ostindischen Handelskompanie, führt Sie auch in die geheimen Gänge und Räume, in denen mitten in der Altstadt Waren vor dem königlichen Fiskus versteckt wurden. *5, rue d'Asfeld | Juli/Aug. tgl. außer So morgens 10, 11, 14.30, 15.30 und 16.30 Uhr | Eintritt 5,50 Euro*

PARAMÉ

Sie erreichen das östlich der Altstadthalbinsel gelegene Viertel bequem per Spaziergang über die Strandpromenade. Dort stehen neben schicken Ferienresidenzen die einstigen Stadtvillen der Kaufleute und Korsaren.

ROTHÉNEUF

Ungewöhnlich in diesem östlichsten Ortsteil von St-Malo ist das Werk des

Festungen auf vorgelagerten Inseln schützten St-Malo einst vor Angriffen von See

Abbé Fouré, der in einer 25-jährigen Arbeit etwa 300 Granitsteinfiguren aus dem Küstenfelsen herausmeißelte *(Chemin des Rochers Sculptés | Eintritt 2,50 Euro)*. Der Entdecker Kanadas, Jacques Cartier, lebte im *Manoir de Limoëlou*. Im Museum dokumentiert ein Film seine kühnen Reisen *(Rue David-MacDonald-Stewart | Juni–Sept. tgl. 10–11.30 und 14.30–18 Uhr | Führungen Juli/Aug. tgl., Okt.–Mai Mo–Sa 10 und 15 Uhr | Eintritt 4 Euro)*.

■ ESSEN & TRINKEN
CAPITAINE DE KERMAREC
Traditionelles aus der Korsarenzeit schmausen können Sie bei Maître-Coq Padrig. Das stilechte Ambiente ist dem eines Korsarenschiffs nachgeahmt. Die Küche ist tropisch-bretonisch – Korsaren sind schließlich Kosmopoliten! *4, place de la Roulais | Tel. 02 99 81 49 94 | So geschl. | €–€€*

CRÊPERIE CORPS DE GARDE
Insider Tipp

Crêpes mit Meerblick gibt es innerhalb der Altstadt nur hier, auf der beheizten Terrasse des ehemaligen Wachgebäudes. Bei den saftigen Galettes wird nicht mit Salzbutter gegeizt. *3, montée Notre-Dame | Tel. 02 99 40 91 46 | Fr abends und Di geschl. | €*

DUCHESSE ANNE
Essen Sie bei Mme Thirouard gegrilltes *Chateaubriand Sauce Béarnaise*. Aber nicht „gut durch" *(bien cuit)*, die ehrwürdige Dame empfiehlt es eher *à point*. *Place Guy la Chambre | Tel. 02 99 40 85 33 | Mo mittags und Mi geschl. | €€–€€€*

LE SAINT-PLACIDE
Topadresse in der bunt möblierten ehemaligen Tramstation. Köstlich: Peterfisch zu grünem Kardamom. *6, place du Poncel | Tel. 02 99 81 70 73 | Di/Mi geschl. | €€–€€€*

■ EINKAUFEN
DROGUERIE DE MARINE
Hübscher Laden für maritime Holz- und Metalldeko, Kosmetik auf Algenbasis und Meeresliteratur. Sammler lieben die Pop-Pops, per Kerze angetriebene Metallboote. *66, rue Georges Clemenceau | www.droguerie-de-marine.fr*

■ ÜBERNACHTEN
ASCOTT
In der stilvollen Villa blicken die Zimmer *Fontainebleau* und *Windsor* auf einen kleinen Park, Verliebte logieren im Gartenhaus *Longchamps*. Monsieur Mény macht auf Anfrage kleine Bootstouren. Hotelgästen stehen Fahrräder zur Verfügung. *10 Zi. | 35, rue du Chapître | Tel. 02 99 81 89 93 | www.ascotthotel.com | €€€*

BEAUFORT
In den Zimmern Nr. 2 und 4 gleich *Insider Tipp* überm Strand wiegt Sie Meeresrauschen in den Schlaf. Im wohl schönsten Frühstücksraum der Stadt können Sie zu Café und Croissant den Blick auf die Wellen genießen. *22 Zi. | 25, chaussée du Sillon | Tel. 02 99 40 99 99 | www.hotel-beaufort.com | €€€*

FRANCE ET CHATEAUBRIAND
St-Malos ältestes Hotel besitzt mit Stofftapeten und knarrenden Dielen einen etwas altmodischen, aber au-

SAINT-MALO

Austernernte bei Cancale

LA VILLEFROMOY
Die behutsame Renovierung bewahrte den maritimen Chic der Villa. Im mit Korbsesseln ausgestatteten Salon nippen Sie gemütlich am Drink. *21 Zi. | 7, boulevard Hébert | Tel. 02 99 40 92 20 | www.villefromoy.fr | €€€*

■ FREIZEIT & SPORT ■

SAINT-MALO VON OBEN ☀
Ungewöhnliche Perspektiven bieten Schwindelfreien die 10- bis 60-minütigen Rundflüge rund um St-Malo. *Tgl. ab Airport Dinard | Tel. 08 20 20 02 25 | www.helistar.fr | 45–280 Euro*

STRÄNDE
An der *Porte des Bés* ist der Zugang zu den Stadtstränden. An der *Chaussée du Sillon* beginnt der kilometerlange Sandstrand, der sich bis *Paramé* erstreckt.

■ AM ABEND ■

LE CUNNINGHAM
Dies ist eine der schönsten Bars der Bretagne. Erobern Sie vor 17 Uhr einen der begehrten Plätze am ☀ Hafenfenster, dann haben Sie einen exquisiten Blick auf St-Malo. Die Karte bietet Cocktails, Whisky und Bier. *2, rue des Hauts-Sablons (Ortsteil St-Servan) | kein Ruhetag*

Inside Tip

thentischen Charme. Fragen Sie nach den ☀ Zimmern auf der Meerseite der obersten Etage – der Aussicht wegen. Die ist auch grandios im *Le 5*, dem neuen Dachrestaurant des Hauses. *80 Zi. | 12, place Chateaubriand | Tel. 02 99 56 66 52 | www.hotel-chateaubriand-st-malo.com | €€–€€€*

PRINTANIA
Alles belegt in St-Malo? Gleich gegenüber, am Hafen Dinards, findet sich das charmant möblierte Museumshotel, , im Restaurant serviert man sogar noch in bretonischer Tracht. *56 Zi. | 5, avenue George V | Tel. 02 99 46 13 07 | www.printaniahotel.com | €€–€€€*

BAR DE L'UNIVERS
Hier können Sie echte Seefahrerromantik erleben: In der urigen, mit Erinnerungsfotos übersäten Bar lachen Einheimische bei strammem Whisky über derbe Korsaren- und Seglerstorys. *Place Chateaubriand | kein Ruhetag*

ILLE-ET-VILAINE

AUSKUNFT

OFFICE DE TOURISME
Esplanade St-Vincent | Tel. 08 25 13 52 00 | www.saint-malo-tourisme.com

ZIELE IN DER UMGEBUNG

BARRAGE DE LA RANCE [123 D3]
Zwischen St-Malo und Dinard, 5 km westlich von St-Malo am Mündungstrichter der Rance, liegt das 1967 eingeweihte Gezeitenkraftwerk. Die bis heute einmalige Anlage wandelt die unbändige Kraft des Tidenhubs (hier bis 13,50 m) in Strom. Im Damm (Treppen!) gibt das kostenlose Besucherzentrum technische Informationen *(April–Juni und Sept. Mi–So 10–12.30 und 13.30–18, Juli/Aug. Mo–Sa 10–18, So 10–13 und 14–18 Uhr)*. Zu jeder vollen Stunde wird die Dammstraße gesperrt, damit Segelboote die Schleuse passieren können. Dann gibt es oft Rückstaus in beiden Richtungen.

CANCALE [123 D3]
Von St-Malo aus führt die Küstenstraße nach 14 km ins Austernparadies. Machen Sie zuvor einen Stopp an der ✼ *Pointe du Grouin:* Ein kleiner Spaziergang erschließt den prächtigen Blick auf die Bucht des Mont-St-Michel und die Vogelschutzinsel *Île des Landes.* Im Hafen von Cancale sollten Sie die prächtigen Austern nicht in teuren Restaurants schlürfen, sondern gleich am Hafenmarkt: Ein Dutzend kostet hier je nach Größe 3,50–6 Euro. Alles über die Auster erfahren Sie im Zuchtbetrieb *Ferme Marine (L'Aurore | deutsche Führung Juli–Mitte Sept. tgl. 16 Uhr | Eintritt 6,70 Euro).*

Sie machen sich nichts aus Austern? Dann naschen Sie die süßen *Mille-feuilles* oder hausgemachtes Eis im schlichten Café *Grain de Vanille* von Sternekoch Olivier Roellinger *(12, place de la Victoire).* Dessen Gourmethotel ✼ *Le Coquillage* bietet zu duftiger Foie gras oder Täubchen auf Cocoböhnchen tolle Blicke auf die Bucht *(Château Richeux | St-Méloir-des-Ondes an der D 155 | Tel. 02 99 89 64 76 | www.maisons-de-bricourt.com | kein Ruhetag | €€€).* Wieder zurück im Hafen: Im Hotel *Querrien* bezaubert der Hafenblick der maritim möblierten Zimmer im ✼ 3. Stock, vor allem in der 2-stöckigen Suite 6 *(15 Zi. | 7, quai Duguay-Trouin | Tel. 02 99 89 64 56 | www.le-querrien.com | €€–€€€).* Viele Zimmer des *Mère Champlain (1, quai de l'Administrateur Thomas | Tel. 02 99 89 60 04 | Fax 02 99 89 71 07 | €–€€€)* bieten Meerblick schon unter der Dusche! Im hoteleigenen Restaurant *(kein Ruhetag | €€)* wählen Sie den Hummer noch selbst aus dem Becken.

DINARD [122 C3]
Der kleine Neufundlandfischerhafen wurde Mitte des 19. Jhs. von reichen Amerikanern und Engländern zum neuen Feriendomizil für die Oberschicht erkoren. Schon Pablo Picasso, Agatha Christie, Jules Verne, Winston Churchill und Kaiser Wilhelm II. wandelten auf den vier schicken Strandpromenaden mit Blick auf viele der 407 denkmalgeschützten Belle-Époque-Villen und das elegante Kasino des mondänen Seebads 14 km westlich von St-Malo. Wenn Sie im engen Dinard nicht lange nach

Parkplätzen suchen möchten, nehmen Sie an der *Cale de Dinan* in St-Malo einfach den *Bus de Mer (Überfahrt ca. 15 Min. | 6 Euro hin und zurück).*

Langjährige Freundschaft verbindet Barmann Fred mit vielen Prominenten. So kann es passieren, dass Sie beim Tanzen plötzlich dem Paten der Diskothek ▶▶ *Chaumière,* Hugh Grant, über die Füße tanzen. Der Privatclub residiert seit 50 Jahren auf einem malerischen Kap an der Stadtgrenze zu St-Lunaire. Die ☀ Aussichtsterrasse lockt mit Bänken. Die Musik: ab Mitternacht Latin, im Club coole Grooves *(Pointe du Décollé | Sommer und Schulferien tgl., sonst nur Fr/Sa 23.30–4.30 Uhr | Eintritt ab 15 Euro inkl. Getränk).*

DOL-DE-BRETAGNE [123 D4]

Zwischen Fachwerk und schmucken Stadtpalästen (ab 11. Jh.) weht ein Hauch von Meer, das im 10. Jh. noch bis Dol (4500 Ew.) reichte. Durch Trockenlegungen ist es heute allerdings weit weg. Vom Rang des früheren Bistums, das 25 km südöstlich von St-Malo bretonische Könige krönte und während der Revolution aufgelöst wurde, zeugt das 100 m lange Schiff der riesigen Kathedrale (ab 12. Jh.). Wie man im Mittelalter solch gewaltige Kirchen erschuf, erzählt das Museum *Cathédraloscope (Place de la Cathédrale | April–Nov. tgl. 10–19 Uhr | Eintritt 7,50 Euro).*

MONT-SAINT-MICHEL ★ [123 E3]

Surreal und pyramidengleich thront der weltberühmte Klosterberg (seit 1979 Unesco-Welterbe) majestätisch in der ausgedehnten Bucht. Zusammen mit dem 80 m hohen Felsen ist er 157 m hoch. Das romanische Kloster wurde ab 1017 erbaut und 1228 mit dem dreigeschossigen *Merveille* fertiggestellt. Danach kamen nur noch Restaurierungs- und Erweiterungsphasen, während deren auch die Gotik Einzug hielt. Steil führt der alte Dorfweg hinauf zum Abteieingang *(Mai/Juni tgl. 9–19, Juli/Aug. Mo–Sa 9–22.30, sonst tgl. 9.30–18 Uhr | Eintritt 8,50 Euro, Audioguide 4 Euro, Parken 4 Euro/PKW).* Planen Sie zwei bis vier Stunden plus Aufstieg und Warten an der Kasse ein.

Treffen Sie an Tagen mit hohen Tidekoeffizienten (über 100) zwei Stunden vor Hochwasser am Mont-St-Michel ein, um die sich mit lautem Getöse den Couesnon hinaufschiebende Flutwoge, *la barre,* zu sehen *(Tidenkalender Marées des Verkehrsamts | www.ot-montsaintmi chel.com).* Nur mit einem Wattführer sollten Sie das wegen des Treibsands und der hohen Rückflussgeschwindigkeit der Flut sehr gefährliche Watt durchwandern. Die grandiose Natur zeigen Ihnen ganzjährig z. B. die Guides der *Chemins de la Baie (Tel.* Insi Ti *02 33 89 80 88 | www.cheminsdela baie.com)* für – je nach Wanderroute – ab 6,50 Euro.

Um die Versandung der Bucht einzudämmen, wird derzeit der Straßendamm abgerissen und durch eine Holzpfahlbrücke ersetzt. Die Parkplätze werden aufs Festland verlegt, und es wird ein neues Stauwehr gebaut. Im roten Pavillon in *La Caserne, Pontorson (neben Relais St-Michel)* können Sie sich über die Arbeiten informieren *(tgl. April–Okt. 10–12.30 und 14–18, Juli/Aug.*

ILLE-ET-VILAINE

10–19, sonst Mi–So 14–18 Uhr | *www.projetmontsaintmichel.fr*).

LA RICHARDAIS [123 D3]

Die überaus charmante Künstler-witwe Britt präsentiert in einem alten Hof 15 km südlich von St-Malo das **idet pp erstaunliche Werk Manolis** (gestor-

Mitte Sept. Mo, sonst So abends, Mo–Mi und Do mittags geschl. | €–€€*)* Leckeres aus Fisch und Geflügel.

SAINT-COULOMB [123 D3]

Im Korsarenpalast **Ville Bague** Insider Tipp (18. Jh.) 15 km östlich von St-Malo erwartet Sie ein Sammelsurium von

Niedrigwasser am Mont-St-Michel lässt die Versandung der Bucht deutlich erkennen

ben 2001): mit Schweißgerät gefertigte Feuerplastiken aus Granit, kühne Mobiles und Regenschirm-skulpturen *(9, rue du Suet | www.ma noli.org | Juli/Aug. tgl. 11–19, April–Juni und Sept. Mi–Mo 15–19 Uhr | Eintritt 5 Euro, Audioguide 3 Euro, individuelle Führung 60 Euro).*

Am Ufer der Rance zaubert der Koch des *Cale Gourmande (49, rue de la Cale de Jouvente, Pleurtuit | Tel. 02 99 88 53 97 | Mitte Juni bis*

altem Porzellan, Gemälden, Schiffs-modellen, Marineliteratur und Möbeln. Prunkstück ist die Riesentapete (1820), die Pizarros Ankunft bei den Inka zeigt *(Führungen Ostern–Okt. Do–Di, Juli/Aug. auch Mi 14.30 und 16 Uhr | Eintritt 8 Euro).* Die Besitzerin hat zwei Wachgebäude zu schönen, wundervoll eingerichteten Ferienhäusern umbauen lassen *(Wochenende 2 Pers. 140 Euro, Woche bis 6 bzw. 12 Pers. 700 bzw. 1000 Euro).*

> BRETAGNE KOMPAKT

Das Departement am westlichen Ende Frankreichs ist, touristisch gesehen, der zentralste und typischste Teil der Bretagne

> **Hier finden sich alle Postkartenklischees: der wütende Atlantik, bizarre Felsküsten, authentische Bauerndörfer, bunt getünchte Fischerhäuser, Bretoninnen mit Turmhauben und tausendfach gerühmte umfriedete Pfarrbezirke.**

Neben der wilden maritimen Landschaft lohnt auch das Entdecken des Hinterlands. Liebliche Flusstäler laden zu verträumten Wanderungen ein, der Zauberwald von Huëlgoat lockt mit alten Legenden und seinem Felsenmeer. Auch andere Zeugnisse der Vergangenheit finden Sie hier: Menhire und Dolmen sind nicht nur in Carnac und Umgebung zu entdecken. Dass die Gegend überaus pittoresk ist, hat im 19. Jh. die Malerriege um Paul Gauguin (1848–1903) bewiesen, die sich eigens in Pont-Aven niederließ, um den authentischen Charakter der Region und ihrer als rau verschrienen Bewohner auf der Leinwand festzuhalten.

Bild: Château de Brest

FINISTÈRE

BREST

[120 B–C3] „Um nach Brest zu kommen, brauchen Sie einen guten Grund!", sagt ein französisches Sprichwort. Der zweckmäßige Wiederaufbau der Betonstadt nach den Zerstörungen im Zweiten Weltkrieg entbehrt wahrlich jeder Ästhetik. Die Alliierten hatten die deutsche U-Boot-Basis (1940) ausschalten wollen und rasierten dabei gleich die ganze Stadt. Ironie des Schicksals: Die Basis steht dank meterdicker Stahlbetondecken immer noch. So ist Brest (145 000 Ew.) neben der Shoppingmeile Rue de Siam besonders wegen des Handels- und Marinehafens interessant, in dem immer etwas los ist. Umfassende Projekte verändern derzeit die Stadt: Beim Schloss entsteht der neue Yachthafen (575 Plätze), bis 2012 erhält die Stadt ein Straßenbahnnetz (Störungen durch Großbaustellen!).

BREST

■ SEHENSWERTES ■

CHÂTEAU/MARINEMUSEUM

Brests einzig wirklich altes, auf Fundamenten einer Römerfeste errichtetes Bauwerk (11. Jh.) hütet das Marinemuseum mit Schiffsmodellen, Navigationsinstrumenten, Gemälden, alten Karten und Schriften. Von der mitgetragenen Riesenaquariums herein. Gezeiten, Wetter und das Leben im Meer werden multimedial und wissenschaftlich aktuell erklärt. Kommentierte Fütterungen mit Tauchern und Versuchsapparaturen sind lehrreich und machen Spaß. *Moulin Blanc | Juli/Aug. tgl. 9–19 Uhr, Ne-*

Anziehungspunkt nicht nur für Kinder: Aquarium im Océanopolis

Terrasse blicken Sie auf den Marinehafen und die imposante, 64 m hohe Hubbrücke *Pont de Recouvrance* (1954). *Place du Château | April–Sept. tgl. 10–18.30, sonst 13.30–18.30 Uhr | Eintritt 5 Euro*

OCÉANOPOLIS

Mehr Fisch geht nicht: Eine wahre Lawine von Meerestieren bricht über Besucher des vom französischen Meeresforschungsinstitut Ifremer *bensaison siehe www.oceanopolis. com | Eintritt 15,80 Euro*

PORT DE COMMERCE/ARSENAL

In den Docks werden 500 000-t-Schiffe gewartet und Erdgastanker (grün mit weißem Aufdruck LNG, *liquified natural gas*) entgast. Ein kleiner Streifzug vermittelt die verschiedenen Aspekte des Hafentreibens. Parken Sie Ihr Auto am *Quai de la Douane*. Am *Quai Malbert* imponiert der weltgrößte Seenotrettungsschlepper „Abeille Bourbon" (2005, 80 m) mit enormer Leistung (21 700 PS) und schenkeldickem Schleppseil. Rechts um die Ecke haben Sie einen schönen Ausblick auf den neuen Yachthafen und das dahinterliegende Marinearsenal mit der hier ankernden französischen Atlantikflotte. Das Arsenal besichtigen dürfen nur Bürger aus EU- bzw. Nato-Mitgliedsländern mit Reisepass. Fotografieren ist nicht gestattet. *Porte de la Grande Rivière | Sommer Mo–Fr 14.30–16, Sa/So 14.30–15 Uhr | Eintritt frei (Trinkgelder willkommen)*

ESSEN & TRINKEN

CRÊPERIE BLÉ NOIR

Genießen Sie mitten im Botanischen Garten, weit weg vom Stadtlärm, üppige Crêpes! *Vallon du Stang Alar | Tel. 02 98 41 84 66 | kein Ruhetag | €*

LA FLEUR DE SEL

Brests Topadresse. Der Hausname ist Programm: Das edle Salz fehlt bei kaum einer Speise. Erlesen ist z. B. die in der Schale gebackene Jakobsmuschel mit Trüffelbutter. *15, rue de Lyon | Tel. 02 98 44 38 65 | Sa mittags und So geschl. | €€ – €€€*

MA PETITE FOLIE

Fisch oder Meeresfrüchte auf einem alten, trockengelegten Langustenfänger am Yachthafen. Der Service ist sympathisch, außer wenn es voll und hektisch wird. Die Küche hat es nicht immer sehr eilig; knurrt Ihr Magen schon, essen Sie besser woanders. *Port du Moulin Blanc | Tel. 02 98 42 44 42 | kein Ruhetag | €€*

EINKAUFEN

BIO- UND LANDMARKT

Überdachter Biomarkt im Ortsteil Kerinou. *Rue du Moulin à Poudre | Di 16–20 Uhr*

DIALOGUES

Die Buchhandlung lockt mit einem Riesenangebot an Meeresliteratur, Kartenmaterial und schönen Bildbänden. *Rue de Siam, Forum Roull*

ÜBERNACHTEN

LE CONTINENTAL (OCÉANIA)

Im Herzen der Stadt gelegenes Haus mit internationalem Standard. Mö-

MARCO POLO HIGHLIGHTS

gen Sie Ruhe, nehmen Sie kein Zimmer über der Rue de Lyon! *70 Zi. | Square de la Tour d'Auvergne | Tel. 02 98 80 50 40 | www.oceaniahotels. com | €€–€€€*

HÔTEL PLAISANCE

Neues Haus am Yachthafen; in den Zimmern mit Hafenblick schlummern Sie beim Klackern der Takelage gegen Segelmasten ein. *47 Zi. | 37, rue du Moulin Blanc | Tel. 02 98 42 33 33 | www.hotelplaisance.fr | €–€€*

■ AM ABEND ■

LE QUARTZ

Die Nationalbühne (1500 Plätze) bietet von Oktober bis Juni viele attraktive regionale und internationale Konzert-, Tanz- und Musikveranstaltungen. *60, rue du Château | Tel. 02 98 33 95 00 | www.lequartz.com*

SOUL FOOD CAFÉ ▶▶

Es ist immer etwas eng, wenn dienstags zwischen 21.30 und 0 Uhr nervöse Nachwuchsbands die Bühne der Musikkneipe erklimmen, um sich neugierigen Zuhörern zu stellen. *77, rue Auguste Kervern | So geschl.*

■ FREIZEIT & SPORT ■

LA RECOUVRANCE

Ein besonderes Vergnügen ist die Ausfahrt auf dieser Militärschiffreplik von 1817, das dringende Post zustellen sowie die afrikanische und die Antillenküsten bewachen sollte. Sie können sowohl eintägige (85 Euro) als auch Mehrtagesausfahrten machen, z. B. nach Cherbourg *(4 Tage, 572 Euro). Tel. 02 98 33 95 40 | www.larecouvrance.com*

SPADIUM

Neues und größtes Spaßbad der Bretagne (7500 m^2) mit mehreren Becken, Spiellagune, Whirlpools. Plantschen Sie lieber im Meer, liegt gleich davor Brests Stadtstrand, die *Plage du Moulin Blanc (www.spadium.fr).*

■ AUSKUNFT ■

OFFICE DE TOURISME

Place de la Liberté | Tel. 02 98 44 24 96 | www.brest-metropole-tourisme.fr

■ ZIELE IN DER UMGEBUNG ■

LES ABERS   [120 B2–3]

Abers sind Gezeitenflusstäler und ihre Mündungsbuchten; die malerischen *Aber Benoît* und *Aber Wrac'h* (20 km nordwestlich von Brest) schneiden besonders tief in die hügeligen grünen Wälder ein, Letzterer immerhin 32 km. An der Küste laden Dünen wie die von *Ste-Marguerite* und *Corn-ar-Gazel* zum Sonnenbad. Ein schöner Spaziergang bietet sich in *St-Pabu:* Parken Sie Ihren PKW im Zentrum. Gehen Sie dann nordwestlich Richtung *Pointe de Kervigorn* und an deren Zufahrtsweg bei Haus Nr. 31 hinunter zu den Felsen. Bei Ebbe öffnet sich vor Ihnen ein wunderbarer feiner Sandstrand, bei Flut eine kristallklare Lagune wie in der Südsee. Ausgedehnter ist die Wanderung auf dem leichten Rundweg am *Aber Wrac'h* entlang. Er führt von *Landéda* ins waldige Hinterland, vorbei an Salzweiden und Feuchtwiesen; parken Sie am *Parking du Port* und folgen einfach den grünen Wegmarkierungen. Planen Sie für diese Tour (etwa 8,5 km) zwei bis drei Stunden ein.

LE CONQUET/
POINTE ST-MATHIEU [120 B3]

5 km südlich des Fischerorts (2500 Ew.) mit dem schönen Badestrand *Blancs-Sablons,* etwa 25 km westlich von Brest, steht an der umtosten *Pointe St-Mathieu* ein Leuchtturm in einer Kirchenruine (12.–16. Jh.). Stimmungsvoll ist ein Abendessen am riesigen Kamin der *Hostellerie de la Pointe St-Mathieu,* in der Sie auch gleich logieren können. *27 Zi. | Tel. 02 98 89 00 19 www.pointe-saint-ma thieu.com | kein Ruhetag | €€–€€€*

LE FOLGOËT [120 C2]

Die hübsche Basilika des Orts (3200 Ew.) 23 km nordöstlich von Brest mit schönem Turm und eindrucksvollem Steinlettner (15. Jh.) ist Anfang September berühmtes Wallfahrtziel frommer Bretonen. Hier trug sich im 14. Jh. angeblich ein Wunder zu. Der im Wald lebende Salaün sprach immerzu nur zwei Worte: Ave Maria. Nach seinem Tod spross aus dem Grab, direkt aus seinem Mund, eine Lilie, deren Blütenstempel die goldenen Buchstaben Ave Maria bildete.

ÎLE D'OUESSANT ★ [120 A3]

Auf der Fahrt pflügt die oft von Delphinen begleitete Fähre durch die Strömung. Am Ankunftshafen können Sie Fahrräder leihen, um die 8 km lange und 4 km breite Insel *(www.ot-ouessant.fr)* zu umrunden. Wanderer nehmen eher den Inselbus ins verträumte *Lampaul* (1000 Ew.) und gehen zur nordwestlichen ❀ *Pointe de Pern* mit superbem Blick auf die Leuchttürme auf See. Nirgends sonst ist die Bretagneküste

Die Basilika Notre-Dame in Le Folgoët ist eine bedeutende Wallfahrtskirche

so wild. Von hier führt der Küsten-pfad nach Nordost, wo man zuweilen bei der *Île Keller* Kegelrobben beob-achten kann. Besuchen Sie bei Regen das Heimatmuseum *Niou Uhella* in einem alten Gehöft *(Di–So April bis Sept. 10.30–17.30 oder 18.30, sonst 13.30–16 Uhr | Eintritt 3,30 Euro).* Technikfreaks ziehen das Leucht-turmmuseum im *Phare de Creac'h* vor *(April–Sept. tgl. 10.30–18.30, sonst Di–So 10.30–17 Uhr | Eintritt 4,10 Euro).*

PHARE DE L'ÎLE VIERGE ☼ **[120 B2]**

Insider Tipp

Der Aufstieg zu Europas höchstem Leuchtturm (82,5 m, 360 Stufen) 35 km nördlich von Brest belohnt Sie mit der einmaligen Aussicht auf die Riffküste des Léon. Die Insel selbst ist zu klein, als dass sie zu besichti-gen wäre. Fähren verkehren von April bis Oktober je nach Tidenhub von *Kervenni, Perros* oder *Aber-Wra'h (Tel. 02 98 04 74 94 | www. abers-tourisme.com | Turmbesuch inkl. Fähre 19 Euro).*

PLOUGASTEL-DAOULAS **[120 C3]**

Im französischen Erdbeermekka (10 000 Ew.), 8 km südöstlich von Brest, betört der nach der Pestepide-mie von 1598 errichtete Kalvarien-berg mit 180 Figuren. Am nahen Kap entdecken Sie reizende kleine Häfen und Landspitzen wie die ☼ *Pointe*

> BÜCHER & FILME

Entspannung vor der Reise: Bretagne fürs Sofa

> **Islandfischer** – Mit diesem Roman schuf Pierre Loti Anfang des 20. Jhs. mutigen Kabeljaufischern ein literari-sches Denkmal. Die Saga um Liebe und Meer lässt Sie das Haus der Heldin Gaud in Paimpol und das „Witwenkreuz" mit anderen Augen sehen. Bewegend!

> **Bretonische Küche zum Verlieben** – Mit Rezepten von Sternekoch Jacques Thorel aus St-Nazaire dürfen Sie au-thentische Genüsse seiner Bretagne nachkochen. Nur: Der Meister liefert die Zutaten nicht gleich mit; frischer Meeraal, Seeteufel oder Camus-Artischocke sind kaum zu ersetzen.

> **Das Meer – für Kinder erzählt** – Kin-dern stellt Marinefotograf Philip Plis-son mit hochklassigen Fotos diverse Aspekte des Meers wie Seenotret-tung, Leuchtturm oder Fischerei vor.

> **Die Frau des Leuchtturmwärters** – Regisseur Philippe Liorets Hommage (2004) an Freundschaft und Liebe. Auf der wilden Insel Ouessant und dem Meeresleuchtturm La Jument erfasst Mabé (Sandrine Bonnaire) zögernd, aber unaufhaltsam eine *amour fou* zu Antoine.

> **Dolmen – Sakrileg der Steine** – Selten so gelacht: Der Mysterythriller (2005) um Polizistin Marie (die betö-rende Ingrid Chauvin), die auf ihrer Heimatinsel den Mord am Bruder aufklären will und dabei auf ein töd-liches Geheimnis der Insulaner stößt, ist herrlich abstrus. Bretagnekenner, die die Story (hoffentlich) nicht ernst nehmen, versuchen zu erraten, wo die Serie gedreht wurde. Kleiner Tipp: Der Hafenort liegt auf einer „schönen" Insel.

de l'Armorique mit einer schönen Aussicht auf die Rade de Brest. Die Landcrêperie *An Ti Coz* serviert hier köstliche Crêpes und Galettes *(Ty Floc'h | Tel. 02 98 40 56 47 | Juni–Sept. kein Ruhetag, sonst Mo geschl. | €).*

SEHENSWERTES

CAMARET-SUR-MER　　　　**[120 B3]**

Der feine Sand beim Fischeridyll � *Kerloc'h* an der D 8 zwischen Crozon und Camaret lockt vor der grandiosen Kulisse des *Château de Dinan* zum Bad im Atlantik. Die Ero-

Die vielen Strände der Halbinsel Crozon ermöglichen Wassersport aller Art

PRESQU'ÎLE DE CROZON

[120 B–C 3–4] Viele deutsche Sommergäste kommen gern hierher. Kein Zufall, denn die Halbinsel besticht mit reizvollen Wanderwegen an schroffen Steilküsten, in deren windgeschützten Lagen mediterrane Pflanzen wachsen. Die Gegend ist berühmt für malerische Buchten und ihre vielen geschützten Sandstrände.

sionsformation wirkt wie eine mittelalterliche Burg. Der frühere Langustenfischerhafen Camaret (3200 Ew.) mit seinen bunten Häusern und der roten *Tour Vauban* (im 17. Jh. Schutzfort gegen Engländer und Holländer) ist Anziehungspunkt für Segler. Bei der Kapelle (17. Jh.) auf dem Naturdamm kamen Nordeuropas Pilger an Land, um von hier zum südfranzösischen Wallfahrtsort Rocamadour weiterzuziehen. Einmalig ist die Menhirreihe von *Lagatjar* durch zwei von der Hauptreihe vertikal abzweigende Nebenreihen.

CAP DE LA CHÈVRE ❀ [120 B4]

Die höchste Klippe (96 m) der Bretagne fasziniert mit einem furiosen Küstenpanorama, es reicht von der Pointe du Van bis zur Île Molène. Sie können sogar die Erdkrümmung erkennen. Auf dem Weg sollten Sie in *Rostudel* einen Rundgang durch das

POINTE DES ESPAGNOLS ❀ [120 B3]

Vom nördlichsten Kap der Crozon-Halbinsel haben Sie einen schönen Blick auf Brest und den Marinehafen.

POINTE DE PENHIR ⭐ ❀ [120 B4]

Vor dem 70 m hohen, spärlich bewachsenen Kap mit dem tollen Fernblick liegen die Felsabbrüche der *Tas de Pois*. Die Sicht reicht von der

Die Aussicht von der Pointe de Penhir lockt viele Menschen an

alte Fischerdorf mit seinen dicht gedrängt stehenden Granitsteinhäuschen machen.

CROZON [120 B4]

Der Altaraufsatz (17. Jh.) der Kirche im Hauptort des Kaps (8000 Ew.) zeigt die 10 000 römischen Märtyrer, die Kaiser Hadrian auf dem Berg Ararat (heutige Türkei) an Kreuze nageln ließ. Im Ortsteil Morgat können Sie prima am schönen, wellengeschützten Sandstrand baden.

Pointe du Raz über die Insel Sein bis zum Archipel von Molène mit Ouessant.

POINTE DU TOULINGUET [120 B3]

Links unterhalb der Marinesperrmauer liegt der Picknickplatz mit Tischen, gleich am Strand *Pen Hat*. Achtung: Baden ist wegen der Dünung und der gefährlichen Unterströmung *baïne* verboten! Von hier führt ein Wanderweg zur *Pointe de Penhir* (anfangs steil, dann eben).

Inside Tipp

■ ESSEN & TRINKEN ■

LES EMBRUNS

Die kleine Crêperie in Camaret serviert leckere, bodenständig unprätentiöse Crêpes. *Quai Toudouze | Tel. 02 98 27 90 39 | kein Ruhetag |* €

■ ÜBERNACHTEN ■

HÔTEL DE LA PRESQU'ÎLE

Das Granitsteingebäude des einstigen Rathauses von Crozon wurde zu einem gemütlichen Innenstadthotel umfunktioniert. Das Hotel besitzt einen eigenen Weinverkauf mit kompetentem Service. *12 Zi. | Place de l'Église | Tel. 02 98 27 29 29 | www. mutingourmand.fr |* €

THALASSA

Die Zimmer erinnern ein wenig an fröhlich-bunte funktionelle Einrichtung der 1980er-Jahre. *47 Zi. | Quai Styvel, Camaret | Tel. 02 98 27 93 06 | Fax 02 98 27 88 14 |* €€

■ FREIZEIT & SPORT ■

AULNE-SCHLEIFEN

Eine schöne Waldwanderung: Vom Parkplatz an der neuen ✹ Hängebrücke von *Terenez* (D 791) geht es durch das tiefe Tal des Gezeitenflusses Aulne. Über den Wanderweg GR 34 (rot-weiße Wegmarkierungen) erreichen Sie flussabwärts nach etwa 8 km *Landévennec*, wo Sie eine eindrucksvolle Abteikirchenruine aus dem 5. Jh. besichtigen können.

**RADWANDERUNG
TRO BRO KORNOG A-BELL**

An der D 8 zwischen Crozon und Camaret-sur-Mer beginnt gleich oberhalb des Strandparkplatzes von *Kerloc'h* eine etwa 25 km lange Rundstrecke (eine Karte ist im Office de Tourisme erhältlich). Biegen Sie links Richtung Kerguelen und Lannilien ab und folgen dann den blauweißen Markierungen. Der hügelige Parcours führt an die schwindelerregend hohe *Pointe de Penhir*, die Menhire von *Lagatjar*, durch Camaret zur ✹ *Pointe Ste-Barbe* (toller Blick auf die Bucht von Camaret) und dann zurück nach Kerloc'h.

■ STRÄNDE ■

Die Halbinsel ist gespickt mit Sandstränden, z. B. *Trez Bellec* an der gleichnamigen Landspitze bei *Telgruc-sur-Mer*. Auf der Nordseite der Presqu'Île gibt es windgeschützte Stein- und Kiesstrände, die weniger besucht sind und meist etwas wärmeres Wasser haben.

■ AUSKUNFT ■

PAYS DU MÉNEZ-HOM ATLANTIQUE

Boulevard Pralognan La Vanoise, Crozon | Tel. 02 98 26 17 18 | www. menez-hom.com

MORLAIX

[121 D2] Der 58 m hohe Viadukt von 1864 der Bahnlinie Paris–Brest beherrscht das tiefe Tal des Dossenn und die City von Morlaix (18 000 Ew.) mit ihren vielen bunten Fachwerkhäusern. Die Stadt, einst Korsarennest, wurde von einer wuchtigen Wehrmauer mit fünf Türmen umgeben, deren Verlauf und wenige Überreste Sie vom ✹ Aussichtspunkt oberhalb der Rue du Mur gut erkennen. Der Ort bietet sich als Standort für Ausflüge an die nahe Küste und zu den umfriedeten Pfarrbezirken an.

■ SEHENSWERTES ■

LATERNENHÄUSER

Typisch für Morlaix sind Häuser mit hoch reichenden Zentralräumen und Kamin, die durch Glasdachfenster erhellt werden. Sie besitzen Etagengalerien, die über Wendeltreppen erreichbar sind. Schöne Beispiele sind unter anderem die *Maison de la Duchesse Anne (33, rue du Mur | Mai und Sept. Di–Sa, Juni–Aug. Mo–Sa, sonst tgl. 11–18 Uhr | www.mda-morlaix.com | Eintritt 1,60 Euro)* oder der Weinladen *Maison des Vins* an der *Place de Viarmes.*

>LOW BUDGET

> Vor Ihrer Reise ins Finistère sollten Sie sich auf *www.privipass.com* umsehen, von der Sie sich Ermäßigungsgutscheine herunterladen und ausdrucken können, darunter auch viele Rabatte bei Eintritten oder lokalen Produkten.

> Für den kleinen Imbiss hält der Crêpestand in Quimpers Altstadtmarkthalle preiswerte, köstlich-herzhafte Galettes und süße Crêpes auf die Hand bereit. *Les Halles St-François | €*

> Ferien wie in alten Zeiten und doch mit allem Komfort: In einer *roulotte,* einem Holzwohnwagen, verbringen Sie sympathische Familienferien oder einen romantischen Aufenthalt zu zweit. Monsieur Druets „Camp" liegt mitten in einem früheren Obstgarten in Brasparts. *12, rue des Patriotes | Tel. 02 98 81 41 62 | www.roulottes decampagne.com | Tagesmiete pro Roulotte (1–4 Pers.) 70–120 Euro, Wochenende 160–350 Euro*

■ ESSEN & TRINKEN ■

LE TEMPO ▶▶

Bar am Segelhafen mit Restaurant und schöner Terrasse. Spezialität sind große Salate, Deftiges vom Grill und Kuchen *(tartes).* Diskutieren Sie gern mit Einheimischen, kommen Sie am vierten Monatsdienstag, wenn sich an der Bar Anhänger und Gegner des sozialkritischen Radiomoderators Daniel Mermet zum Streitgespräch treffen. *Quai de Tréguier | Tel. 02 98 63 29 11 | Sa mittags und So geschl. | €–€€*

■ EINKAUFEN ■

Der große Wochenmarkt findet samstags in der Fußgängerzone statt.

■ ÜBERNACHTEN ■

HÔTEL DE L'EUROPE

Der denkmalgeschützte Bau (17. Jh.) mit hübschem Foyer und Holztreppenhaus hat vor allem in der Suite 104 hohe Decken und alte Möbel. Das Hotelrestaurant ist zugleich Brasserie. *60 Zi. | 1, rue d'Aiguillon | Tel. 02 98 62 11 99 | www.hotel-europe-com.fr | €€–€€€*

■ AM ABEND ■

TY COZ

Typisch bretonische Kneipe in einem Erkerhaus (15. Jh.) in der Oberstadt. Wird es draußen kühl, zündet die Chefwirtin den 600-jährigen Kamin an. An der Bar lernen Sie das kräftige bretonische Coreff-Bier vom Fass kennen. *10, venelle au Beurre*

■ AUSKUNFT ■

OFFICE DE TOURISME

Place des Otages | Tel. 02 98 62 14 94 | www.morlaixtourisme.fr

■ ZIELE IN DER UMGEBUNG ■

ÎLE DE BATZ [121 D1]

Das Paradies für Stadtgeplagte: Auf der flachen Insel (600 Ew., 3,8 km lang, 1 km breit) ohne Autos gibt es ruhige Sandstrände zum Müßiggang

CARANTEC [121 D2]

20 km nördlich von Morlaix liegt auf einer kleinen Halbinsel der Familienbadeort (2700 Ew.). Schöne Strände und die nur bei Ebbe erreichbare *Île Callot* laden zum Relaxen ein.

Mildes Klima beschert der Île de Batz Blüten voller Pracht

und flache Wege zum geruhsamen Spaziergang. Die tägliche Überfahrt von Roscoff ist gezeitenabhängig *(www.vedettes-ile-de-batz.com)* und kostet 7 Euro.

CAIRN DE BARNENEZ [121 D2]

Die miteinander verbundenen *Cairns* (72 m) 12 km nördlich von Morlaix sind über 6000 Jahre alt. Die darunterliegenden Dolmen dürfen ebenfalls betreten werden. *Mai–Aug. tgl. 10–18.30, sonst Di–So 10–12.30 und 14–17.30 Uhr | Eintritt 5 Euro*

CHÂTEAU DE KERJEAN [120 C2]

Das Renaissanceschloss 35 km westlich von Morlaix war einst prächtigster Herrensitz im Léon. Im Taubenturm des Parks entspricht jede Nistnische je einem Hektar Landbesitz. *April–Juni und Sept. Mi–Mo 14–18, Juli/Aug. tgl. 10–19 Uhr | Eintritt 5 Euro*

CHÂTEAU DU TAUREAU [121 D2]

Insider Tipp

Beim Besuch der imposanten Festungsinsel (16. Jh.) 20 km nördlich von Morlaix, die wie eine Kopie des

Fort Boyard vor La Rochelle wirkt, können Sie sich frei bewegen. Auf der Insel gibt es keine Toiletten! *Fähre ab Carantec-Kelenn oder Plougasnou-Diben | Reservierung Tel. 02 98 62 29 73 oder im Verkehrsamt Plougasnou | www.chateaudutaureau.com | inkl. Fähre 13 Euro*

GUIMILIAU & SAINT-THÉGONNEC ⭐ [121 D2]

Der mit über 200 filigran gearbeiteten Figuren definitiv schönste Kalvarienberg (16. Jh.) befindet sich in Guimiliau (900 Ew.), 23 km westlich von Morlaix. Wunderschöne Bogenläufe am Portalvorbau (16. Jh.) der Kirche erzählen Bibelszenen. Innen verzückt der üppig verzierte, wundervolle ==Taufbaldachin== aus Eichenholz (17. Jh.). Rechts der Chorapsis ist auf der Sockelleiste des Altaraufsatzes die Enthauptung des bretonischen Königs Miliau (6. Jh.) durch Schergen seines Bruders und Widersachers Rivod abgebildet. Das Nachbardorf St-Thégonnec (2500 Ew.) hat den jüngsten Kalvarienberg (1610) der Bretagne. Auf dessen Südseite erkennen Sie König Heinrich IV., der Jesus gerade eine Ohrfeige verpasst. Die erzkatholischen Bretonen glaubten nicht an den Bekehrungswillen des Königs. Das Beinhaus (17. Jh.) zeigt in der Krypta eine schöne Grablegung (18. Jh.): Achten Sie auf das bewegend trauernde Antlitz der Maria Magdalena!

HUELGOAT [121 D–E3]

Der Wald 30 km südlich von Morlaix war einst Teil der Brocéliande. Rundwege erschließen die malerisch in dem dichten Wald liegenden, durch Erosion rund polierten Felsblöcke. Zu Beginn steigen Sie zur *Grotte du Diable,* der Teufelsgrotte, und einem tosenden Wildbach hinab. Finden Sie danach heraus, an welcher Stelle man ohne Kraftanstrengung den Riesenfelsblock *Roche Tremblante* (100 t) zum Schwingen bringt.

Insider Tipp

Der jüngste Kalvarienberg der Bretagne in St-Thégonnec

MONTS D'ARRÉE [121 D–E3]

Besuchen Sie das weite Hochplateau bei Nebel, erkennen Sie sofort, warum Bretonen hier den Eingang zur Hölle vermuten: Die karge Gegend wirkt ungemütlich, fast beängstigend. Nahe der Funkantenne befindet sich der höchste „Berg" der Bretagne, der *Roc'h Ruz* (385 m). 150 km ausgeschilderte Wanderwege laden dazu ein, die Monts d'Arrée zu Fuß zu entdecken. In der Rubrik Tourisme/Randonnées der Website *www.yeun-elez.com* erhalten Sie Infos über Anbieter interessanter geführter Touren, z. B. auch Themen- oder Nachtwanderungen.

ROSCOFF [121 D2]

Das ehemalige Korsarennest 20 km nördlich von Morlaix (3800 Ew.) ist heute Fährhafen. Von den weit ins Meer reichenden Brücken vor der Altstadt legen bei Ebbe die Boote zur Île de Batz ab. Dunkle Granitresidenzen (16./17. Jh.) und Kanonenreliefs an der Fassade von *Notre-Dame-de-Croas-Batz* (16. Jh.) erinnern an die Freibeuter. Das milde Klima bekommt dem *Jardin Delasselle (www.jardinexotiqueroscoff.com)* mit über 2000 Pflanzenarten von allen Kontinenten. Einzelne Züchtungen wie Passionsblumen oder Palmenarten können Sie hier auch kaufen *(tgl. April–Juni und Sept./Okt. 10.30–12.30 und 14–18, Juli/Aug. 10–19, Nov. und März 14–17 Uhr | Eintritt 5 Euro).*

In Roscoff beginnt der beschilderte Radweg V 7, der entlang der schönen Mündungsbucht des Dossen über St-Pol-de-Leon nach Morlaix führt (ca. 33 km). Wenn Sie viel Zeit mitbringen (drei bis vier Tage), können Sie von dort über stillgelegte Gleisstrassen durch das waldige Hinterland bis nach Rosporden im Herzen des Finistère fahren. Das ☘ *Hôtel Talabardon (37 Zi. | Place de l'Église | Tel. 02 98 61 24 95 | www.hotel-talabardon.com | €€–€€€)* wird seit 1890 von der gleichnamigen Familie geführt. Die Zimmer der Nordseite und der Speisesaal des Granitsteinbaus gestatten wundervolle Blicke auf die Île de Batz.

SAINT-POL-DE-LÉON [121 D2]

18 km nördlich von Morlaix liegt das lebhafte Zentrum der Agrarlandschaft Léon, umgeben von Artischocken-, Zwiebel-, Kohl- und Kartoffelfeldern. Das von Napoleon aufgelöste Bistum verfügt auf der *Kreisker-Kapelle* (14. Jh.) über den schönsten Renaissanceglockenturm der Bretagne. Die Sitze des pompösen Chorgestühls (16. Jh.) der nahen *Kathedrale* (13./14. Jh.) tragen die eingeritzten Namen der einstigen Platzinhaber. Im südlichen Chorumgang sind seltene, früher in Beinhäusern aufbewahrte Schädelkästen zu sehen, in denen Totenköpfe aus der Gegend liegen.

QUIMPER

KARTE IN DER HINTEREN UMSCHLAGKLAPPE

[120–121 C–D5] Zahllose Boutiquen, bunte Fachwerkhäuser in engen Altstadtgassen und die elegante Kathedrale mit ihren schlanken Türmen geben der Departementhauptstadt (83 000 Ew.) das gewisse Flair. Quimper liegt im schönen Tal am Zusammenfluss (bretonisch kemper) von Frout, Steïr und dem Gezeitenfluss Odet und wurde im 5. Jh. Bischofssitz.

■ SEHENSWERTES ■

ALTSTADT

In den Gassen der Fußgängerzone lässt es sich gemütlich bummeln. Heben Sie ab und an den Blick, um das bunte Gebälk der vielen Fachwerkhäuser aus dem 15. bis 18. Jh.) zu bewundern!

CATHÉDRALE SAINT-CORENTIN ★

Die einladend helle Kathedrale (1249–1856) wurde kürzlich komplett restauriert. Hoch oben zwischen den grazilen Türmen sitzt der legendäre Stadtgründer König Gradlon auf seinem Zauberpferd Morvac'h. Innen weicht die Chorachse stark von der des Langschiffs ab. Der wenig katholische Anlass: Der Bau des Palasts eitler Bischöfe hätte zu sehr in den Chor hineingeragt, also knickte man diesen beim Bau kurzerhand etwas ab. Schicksalsironie: Dieser Teil des immensen Palasts brannte später nieder.

MUSÉE DES BEAUX-ARTS

Im Erdgeschoss des Kunstmuseums erzählen einige Gemälde von bretonischen Sagen. Daneben finden sich Werke von Max Jacob, der Gruppe um Paul Gauguin und Bilder der italienischen, französischen, niederländischen und flämischen Schule. *40, place St-Corentin | Juli/Aug. tgl. 10 bis 19, April–Juni und Sept./Okt. Mi–Mo 10–12 und 14–18, Nov. bis März Mo und Mi–Sa 10–12 und 14–18, So 14–18 Uhr | www.musee-beuaxarts.quimper.fr | Eintritt 4,50 Euro*

MUSÉE DÉPARTEMENTAL

Das römische Bodenmosaik eines Tepidariums aus Pont-Croix, Glasfenster, Kirchenmobiliar, Trachten und alte Möbel zeigt das Heimatmuseum des Departements Finistère. Sehr schön sind die Schrankbetten, in denen man mehr sitzend als liegend schlief – das Liegen war den Toten vorbehalten. *1, rue du Roi Gradlon | Juni–Sept. tgl. 9–18, Okt.–Mai Di–Sa 9–12 und 14–17, So 14–17 Uhr | Eintritt 4,50 Euro*

> THALASSOTHERAPIE
Strapazen ade!

Gestresst? Genervt? Müde? Wenn Sie sich so fühlen, dann sollten Sie Ihren Aufenthalt in der Bretagne mit einer ein- oder mehrtägigen Thalassotherapie würzen. Schon 1899 fand der Mediziner Louis Bagot in Roscoff heraus, dass die Kur mit jodhaltiger Luft, Meerschlamm und -wasser, Sand und den an Mineralsalzen, Vitaminen und Proteinen reichen Algen gegen verschiedene Krankheits- oder Stresssymptome wirkt. Die Thalassotherapie war geboren. Die medizinisch anerkannte Kur wird spezifisch auf die Gäste zugeschnitten, auch Schlankheits- und Raucherentwöhnungskuren, Rehabilitation und postnatales Training. Der wohltuende Spaß ist jedoch nicht billig. Informationen und Preise können Sie auf *www.thalasso-bretagne.fr* einsehen.

Altstadtbummel in Quimper

◼ ESSEN & TRINKEN ◼

BISTRO À LIRE

Hier lesen Studenten und andere Junggebliebene bevorzugt Krimis und nippen dazu Cocktails oder Tee. *18, rue des Boucheries | kein Ruhetag*

COSY

Im Herzen der Altstadt liegt dieses behaglich enge Granitsteinrestaurant (*cosy* bedeutet gemütlich). Mit kesser Zunge serviert die junge Laure ihre irgendwo zwischen bretonisch-modern und französisch-frisch pendelnden Kreationen. *Maman* führt derweil im Erdgeschoss ein feines Delikatessengeschäft. Für eine *Soirée à deux* sind Reservierung und, wegen der lockeren Art Laures, rhetorische Begabung erforderlich! *2, rue du Sallé | Tel. 02 98 95 23 65 | So/Mo geschl. | €€*

CRÊPERIE DU SALLÉ

In der urigen Crêperie ist es schwer, einen Tisch abzukriegen. Kommen Sie zeitig vorbei und warten notfalls bei einem Aperitif auf Platz! Im Sommer können Sie die saftigen Crêpes, z. B. *Salidou* mit Salzbutterkaramell, auch auf der Terrasse schmausen. *2, place au Beurre | Tel. 02 98 95 49 88 | Juni–Mitte Sept. kein Ruhetag, sonst Fr abends und Mi geschl. | €*

◼ EINKAUFEN ◼

AR BED KELTIEK

Nahe der Kathedrale St-Corentin finden Sie in dem urig engen, seit 25 Jahren auf bretonische Sprachkultur spezialisierten Laden Bücher und CDs in *Brezhoneg. 2, rue du Roi Gradlon*

FAÏENCERIE HB HENRIOT

Seit den Römern hat Töpfern Tradition in Quimper. Auf Führungen begleiten Sie Ton vom rohen Klumpen übers Brennen bis zur Handbemalung. Stilvolle Teller und mehr erhalten Sie im Fabrikverkauf; die zweite Wahl unterscheidet sich oft kaum von der ersten, ist dabei aber deutlich billiger. *Rue Haute*

KELTIA MUSIQUE ▶▶

Das hiesige Label produziert keltische Klänge. Gute Einblicke in bretonische Musik gibt die Doppel-CD *Fest Vraz.* An der Ladentheke können Sie in die CDs hineinhören. Möchten Sie sich selbst an keltischer Musik versuchen, nehmen Sie gleich einen Dudelsack (der bretonische *Biniou Koz* kostet ab 670 Euro), eine Bombarde oder Schlagwerk mit! Auf *www.keltiamusique.com* können Sie sie auch von zu Hause aus bestellen. *1, place au Beurre*

Insider Tipp

MANOIR DU KINKIZ

Hervé und Maugane Seznec produzieren superben Cidre aus Äpfeln der familieneigenen Obstgärten. Kosten Sie Apfelsaft, fruchtig-herben Cidre oder Lambig. *Ergué-Armel, 75, chemin du Quinquis | www.kinkiz-terroir.com*

▨ ÜBERNACHTEN ▨

ESCALE OCÉANIA

Zentraler geht es kaum: Das Hotel befindet sich in direkter Nähe zum Odet-Ufer, gegenüber dem Bischofsgarten. Die Zimmer gleich rechts und links des Lifts sind etwas dunkel. *63 Zi. | 6, rue Théodore Le Hars | Tel. 02 98 53 37 37 | www.oceaniahotels.com | €–€€*

▨ AM ABEND ▨

CAFÉ DE L'ÉPÉE

Früheres Künstlerhotel und „gute Stube" des Stadtrats, nach Renovierungen der Moderne angepasst. Hochwertiges Essen, gute Drinks

und Kaffee, dazu das Treiben am Quai. Im hinteren Saal wird gespeist. An der Decke im Durchgang zur alten Droschkengarage, heute Ladenpassage, prangen philosophische Klugheiten. *14, rue du Parc | www.quimper-lepee.com | kein Ruhetag*

IRISH PUBS

Im *Ceili (4, rue Aristide Briand | kein Ruhetag)* wird man oft noch auf Irisch oder Bretonisch angesprochen. Natürlich werden „keltische", also irische und bretonische Biere ausgeschenkt und regelmäßig keltische Konzerte organisiert.

Die wenig heimelige Atmosphäre des Bahnhofsviertels vergessen Sie schnell im *Poitin Still*, wenn jeden Freitagabend irische *fiddles, banjos* und *bodhrans* live erklingen. *2, avenue de la Libération | kein Ruhetag*

LIMERICK ▶▶

Trotz des Namens kein wirklicher Irish Pub (Limerick ist Partnerstadt von Quimper), sondern eine angenehm jugendliche Mixtur aus Themenkneipe, Sportbar (mit Liveübertragungen) und Bistro; jeden zweiten Monatsdonnerstag Jamsession von Nachwuchskünstlern. *15, boulevard Amiral De Kerguelen | kein Ruhetag*

▨ AUSKUNFT ▨

OFFICE DE TOURISME

Place de la Résistance | Tel. 02 98 53 04 05 | www.quimper-tourisme.com

▨ ZIELE IN DER UMGEBUNG ▨

CONCARNEAU [121 D5]

Der Fischereihafen (20 000 Ew.) 20 km südöstlich von Quimper ist

Frankreichs Nummer drei bei Frisch-fisch, bei Thunfisch sogar Europas Nummer eins. Das spüren Sie an jeder Ecke: In der *Rue Vauban,* Pulsader der von wuchtigen Wehrmauern umgebenen Altstadthalbinsel, empfängt Sie das *Fischereimuseum (3, rue Vauban | tgl. Juli/Aug. 9.30–20,*

quesne gibt es meist noch Parkplätze! Von dort bringt Sie der Fährmann *(bac)* über den Moros in die Altstadt.

DOUARNENEZ [120 C4]

Wer Douarnenez (18 000 Ew., 23 km nördlich von Quimper) sagt, meint

Concarneau ist noch immer ein bedeutender Fischereihafen

April–Juni und Sept. 10–18, sonst 10–12 und 14–18 Uhr | Eintritt 6 Euro). Dahinter locken Fischrestaurants, Crêperien und Boutiquen, z. B. der Sardinendosendirektverkauf der Traditionsfirmen Courtin und Gonidec. An der ✹ *Porte aux Vins* schöner Blick auf Hafen, Fischversteigerungshalle und Werften. Am Freitag, dem Markttag auf der *Place Jean Jaurès,* kommen Sie besser von Süden in die City; an der *Place Du-*

Sardine: Schon die Römer pökelten den beliebten Speisefisch. Von den einst 30 zwischen bunten Hafenhäusern versteckten Konservenfabriken sind heute nur noch drei aktiv. Die untere *Rue Anatole France* birgt eine frühere Thunfischtrockenhalle mit Belüftungslamellen. Nahe der Markthalle (19. Jh.) liegt der Delikatessenladen *Penn Sardin,* wo Sie die beliebten Sardinendosen kaufen können. Legen Sie sie drei Jahre in Ihren

(Wein-)Keller, um sie dann nachgereift zu Baguette, Salzbutter und Cidre zu genießen. Das reizende Hotel *Ty Mad (15 Zi. | Plage St-Jean | Tel. 02 98 74 00 53 | www.hoteltymad. com | €€–€€€)* ist das älteste Hotel der Stadt und liegt versteckt im eingemeindeten Fischerdorf *Tréboul*. Der Künstler Max Jacob wohnte zwei Jahre in dem Granitsteinhaus, in dem auch Pablo Picasso gern schlief. Beim Gartenfrühstück hören Sie die Wellen rauschen. Die Rubin-Schwestern bewirtschaften das stilvolle Hotel *Le Clos de Vallombreuse (25 Zi. | 7, rue d'Estienne d'Orves | Tel. 02 98 92 63 64 | www.closvallom breuse.com | €€–€€€)*, dessen Zimmer teils in der alten Villa eines Konservenfabrikanten liegen. Das Hausrestaurant ist für die Qualität seiner Kreationen aus frischen Lokalprodukten bekannt.

ÎLES DE GLÉNAN [121 D6]

Wie ein Südseeatoll wirkt der flache Archipel mit dem smaragdgrünen Lagunenwasser. Hier dreht sich alles ums Segeln, vor allem auf der Hauptinsel St-Nicolas (berühmte Tauch- und Segelschulen). Wegen der nur hier wachsenden Glénan-Narzisse ist es streng verboten, Pflanzen zu pflücken. Fähren kommen von Concarneau und Bénodet *(www.vedettes-odet.com* und *www.ot-fouesnant.fr)*.

GOULIEN [120 B4]

Weinbergschnecken aus der Bretagne dienten Matrosen einst als billige Nahrungsreserve auf langen Seereisen. Nahe der Pointe du Raz finden Sie *Cap'Helix*, die einzige Zuchtstation Frankreichs mit Larven aus eigener Zucht (und nicht aus Osteuropa). Nach der Gratisbesichtigung dürfen Sie natürlich kosten *(Bréharadec | April–Sept. Mo–Sa 10–12 und 15–19 Uhr)*. 41 km westlich von Quimper

LOCRONAN [120 C4]

Hier fühlt man sich zurückversetzt ins 16. Jh. Der blumendekorierte Ort (900 Ew.) 17 km nördlich von Quim-

Blick vom Ménez-Hom nach Nordosten auf das Flüsschen Aulne

per ist so malerisch, dass Roman Polanski hier Passagen seines Films „Tess" mit Nastassja Kinski drehte. 14 mächtige Granitpaläste zeugen auf der *Place de l'Église* vom einst florierenden Segeltuchhandel. Die Tücher wurden im alten Weberviertel an der *Rue Moal* hergestellt. In der feuchten Kirche *St-Ronan* (15. Jh.) erzählen Kanzelmedaillons vom Wirken des irischen Mönchs Orn, der hier im 5. Jh. missionierte. Sein Grabmal liegt in der benachbarten Kapelle. Kontrapunkt: In Locronan werden wissbegierige Reisende mitunter etwas lieblos behandelt. Informationen sind spärlich, und manche Kaufleute sind schnell genervt, wenn Touristen nicht auch gleich etwas kaufen wollen.

MÉNEZ-HOM ☀ [120 C4]

Der Gipfel (333 m) des erloschenen Vulkans 25 km nörlich von Quimper bietet einen tollen Rundblick von der Pointe du Van über die weite Bucht von Douarnenez zur Pointe de Penhir und nach Brest. Im Hinterland kann man die Schwarzen Berge und die Flussschleifen der Aulne ausmachen.

PLOMODIERN [120 C4]

Bei der Kapelle *St-Corentin* am Fuß des Ménez-Hom befand sich die Eremitage des hl. Corentinus, der im 5. Jh. jeden Morgen aus der nahen Quelle einen Fisch zog, in zwei Hälften teilte, die eine aß und die andere wieder hineinwarf. Tags darauf zappelte der Fisch wieder putzmunter und unzerteilt in der Quelle. Dieses Wunder bewegte König Gradlon dazu, den frommen Mann zu Quimpers erstem Bischof zu machen. Die Quelle sprudelt immer noch, eine kleine Statue erinnert an das Wunder. Bevor Sie hungernd nach dem Fisch suchen, sollten Sie zu Olivier Bellin, Schüler von Joël Robuchon und Jacques Thorel, in die *Auberge du Glazik* gehen. Seine perfekten Jakobsmuschelkreationen, z. B. zu Blutwurst oder Ziegenkäse, sind ein Gedicht *(7, rue de la Plage | Tel. 02 98 81 52 32 | Mo/Di geschl. | €€€)*. An den schönen Sandstränden *Lestrevet* und *Pentrez* können auch Kinder gefahrlos baden.

POINTE DU RAZ ☀ [120 B4]

Die Landschaft des Kaps 60 km nordwestlich von Quimper ist so rau, dass nur Heidepflanzen gedeihen. Wo der Ozean beharrlich donnernd am 70 m hohen Felsen nagt, gehen Mutige auf dem stahlseilgesicherten Kletterpfad zur äußersten Spitze und genießen den Blick auf den Leuchtturm *La Vieille* und die Insel Sein. Für Renaturierungsmaßnahmen wurden Wanderwege eingezäunt, das alte *Hôtel de l'Iroise* abgerissen und ein Empfangszentrum mit Restaurants und Souvenirshops gebaut *(Parken 6 Euro pro Tag, inkl. Pendelbus zur Kapspitze)*.

POINTE DE LA TORCHE ▶▶ [120 C5]

Bei stürmischem Wetter *der* Hotspot für mutige Surfer auf der Suche nach der wahren Welle! Aber auch ohne Brett lohnt der Ausflug: Eindrucksvoll krachen die Atlantikroller hier auf den Kontinent. 2 km nordöstlich steht bei *Tronoën* der älteste Kalvarienberg der Bretagne (1450), mit einer barbusigen Maria auf seiner Nordseite! Vom ☀ *Phare d'Eck-*

mühl in Penmarc'h *(April–Sept. tgl. 10.30–18.30 Uhr | Eintritt 2 Euro)* haben Sie eine tolle Aussicht auf die Bucht von Audierne, das Cap Sizun mit der Pointe du Raz, die Insel Sein und die Gegend um Concarneau. *22 km südwestlich von Quimper*

PONT-AVEN [121 D5]

Schon die pittoresken Wassermühlen lohnen den Ausflug zu dem Ort (3000 Ew.) 34 km südöstlich von Quimper, den 1864 Maler für sich entdeckten. Sie gründeten die *École de Pont-Aven*, eine Kunstrichtung, die den Impressionismus kritisierte und nach Form- und Farbvereinfachung suchte (Symbolismus). Berühmtester Vertreter: Paul Gauguin. Ein Fußweg führt in den Liebeswald *Bois d'Amour*. Hier sitzen wie einst echte und Möchtegernkünstler an der Staffelei. Galerien verkaufen Werke örtlicher Maler. Das *Musée des Beaux-Arts* zeigt hiesiges künstlerisches Schaffen vom 19./20. Jh. *(Place de l'Hôtel de Ville | tgl. April–Okt. 10–12.30 und 14–19, sonst bis 18 Uhr | Eintritt 4 Euro).*

PONT-CROIX ★ [120 B4]

Der Ort (1700 Ew.) liegt im malerischen Tal des Goyen, 40 km westlich von Quimper. Ehemalige Treidelpfade regen zur gemütlichen Promenade an. Von der römischen Mautbrücke am Fluss führen mittelalterliche Pflasterwege hinauf zur charmanten Stiftskirche (13. Jh.). Das durchbrochene Tympanon, Meisterwerk der Hochgotik und Hochzeitsgeschenk eines Mitglieds der reichen Familie de Rosmadec an seine Liebste, wirkt wie eine monumentale Spitzenarbeit aus Stein. Der Glockenturm erinnert an Quimpers Kathedralentürme; kein Wunder, er ist nach deren Plänen erbaut und daher auf der kleinen Kirche etwas überdimensioniert. Im Chor befindet sich eine wundervolle Abendmahldarstellung (17. Jh.) aus goldglänzendem Holz. Anfang August wird in den Gassen rund um die Kirche der *Mouezh ar Gelted* veranstaltet, ein musikanimierter Viehmarkt wie in alten Zeiten. Aufstehen und den weiten Ozean vor Augen haben – das *Hôtel de la Plage (22 Zi. | 21, boulevard E. Brusq | Tel. 02 98 70 01 07 | www. hotel-finistere.com | €€–€€€)* im nahen *Audierne* erfüllt den Traum. Einige der maritim dekorierten Zimmer haben etwas enge Bäder.

PONT-L'ABBÉ [120 C5]

Am Mündungstrichter des gleichnamigen Flüsschens liegt die für ihre Stickereien berühmte Hauptstadt (8000 Ew.) der Halbinsel südwestlich von Quimper, die man auch das *pays bigouden* nennt. Die Kirche besitzt eine hübsche, 7,20 m hohe Fensterrose. Apropos Kirche: Laut Legende trugen die Damen nach der Drohung der Revolutionäre, die Kirchtürme zu schleifen, diese aus Protest fortan symbolisch auf dem Kopf – Geburtsstunde der berühmten Turmhauben des Bigoudenlands. *20 km südlich*

SAINTE-ANNE-LA-PALUD [120 C4]

In der schlichten Kapelle (19. Jh.) des zu Plonévez-Porzay gehörenden Weilers 20 km nordwestlich von Quimper wird die Annenstatue (1548) aufbewahrt, für die alljährlich Ende August ein großer Pardon mit nächtlicher Meerweihe und Fackelzug stattfindet. Der Volksglaube will, dass die hl. Anna, Großmutter Jesu, vom nahen Hof Moëlien stammt und nur durch die Flucht vor ihrem ersten Ehemann, einem wahren Tyrannen, nach Palästina gelangt ist. Sie hat, heißt es weiter, sogar später mit Jesus höchstpersönlich ihre Heimat besucht. Dieser stiftete ihr und ihrem Volk gleich gegenüber der Kapelle eine Heilquelle, deren Wasser bis in die 1950er-Jahre gegen rheumatische Beschwerden genutzt wurde. Unterhalb der Kapelle liegt am schönen **Sandstrand** das *Hôtel-Restaurant de la Plage (30 Zi. | Tel. 02 98 92 50 12 | www.plage.com | €€€)*, in dem Sie am Aussichtsfenster mit Blick auf die Bucht stilvoll speisen. Die Menükarte des Restaurants wartet u. a. mit exzellentem gebratenem Angelbarsch auf. Viel günstiger schlafen Sie bei Evelyne und Hervé im familiär geführten und ruhig gelegenen *Relais de Trefeuntec (21 Zi. | Tel.*

02 98 92 50 03 | ww.relais-de-tre feuntec.com | €–€€). Zum Strand sind es nur 200 m.

ÎLE DE SEIN ⭐ [120 A4]

Man glaubt kaum, dass auf dem unwirtlichen Eiland (1 km^2) Leute leben: Atlantikstürme pfeifen durch enge Gassen mit weiß getünchten Häusern, die auf der kaum 10 m hohen Insel oft überflutet sind. Heute leben die 270 Bewohner von Fischfang und Tourismus. Ebene Pfade umrunden die kleine Insel und bieten interessante Blicke auf den Ort, den Hafen, die Steinstrände und die karge Küste. Für stürmische Nächte empfiehlt sich das *Hôtel d'Ar Men (Route du Phare | Tel. 02 98 70 90 77 | www.hotel-armen.net | €€)*, auch wenn die zehn Zimmer ganz und gar unprätentiös eingerichtet sind. Aber wer würde am Ende der Welt auch ein Luxushotel vermissen? Dafür haben alle Zimmer Blick auf den Atlantik.

Erinnerung an die Zeit von Paul Gauguin: Musée de Pont-Aven

> LAND DER ROSA FELSEN

Die Nordbretagne bezaubert mit herrlichen Küstenlandschaften und natürlichem Charme

> **Eingerahmt vom spektakulär wilden Finistère im Westen und vom mondänen Ille-et-Vilaine im Osten, hat das Departement Côtes-d'Armor von beidem ein wenig.**

Die reizvolle Smaragdküste, *Côte d'Émeraude,* zieht sich mit schönen Sandstränden vom steilen Cap Fréhel bis zur weiten Bucht von St-Brieuc. An der westlich angrenzenden *Côte du Goëlo* liegen authentische Häfen, von denen einst mutige Fischer zum Kabeljaufang nach Island und Neufundland ausfuhren. Das sanft hügelige Hinterland wird bestimmt von weiten Feldern und alten Gehöften. Fischfang und Landwirtschaft bestimmen noch immer das Leben vieler Bewohner dieser Region. Das Felsenmeer der *Côte de Granit Rose* mit riesigen, von Wind und Wasser geformten Felsblöcken ist das landschaftliche Highlight des Departements, das mit teils mediterraner

Bild: Cap Fréhel

CÔTES D'ARMOR

Flora von Ausläufern des Golfstroms profitiert.

DINAN

KARTE IN DER HINTEREN UMSCHLAGKLAPPE

[122–123 C–D4] ⭐ Das bezaubernde mittelalterliche Dinan (12 000 Ew.), das 75 m über dem Fluss Rance aufragt, nannte Herzogin Anne einst „den Schlüssel zu meiner Schatulle". Buntes Fachwerk und granitene Stadtpaläste schmiegen sich harmonisch in den gewaltigen Ringwall: die perfekte Kulisse für Ritterfilme. Vom Wall führen steile Pflasterwege an Ateliers vorbei zum über 1000-jährigen Hafen, wo heute Segelyachten dümpeln.

■ SEHENSWERTES ■

APPORT

Rund um den Platz stehen die für Dinan typischen Bauten: Erkerhäuser

DINAN

(15. Jh.), die, um Lagerfläche zu gewinnen, vorkragen, Häuser mit auf Holzsäulen ruhenden Vorhallen (16. Jh.), unter denen man im Trockenen einkaufen konnte, und Stein-

einnehmbar, bis im Juni 2007 ein Blitzschlag einen Teil einstürzen ließ. Bei der *Porte du Jerzual* (13./14. Jh.) haben Sie schöne Blicke auf Stadt und Fluss. Das *Château* –

Malerisches Mittelalter: Altstadt von Dinan am Ufer der Rance

bauten mit modernen, großen Schaufenstern.

BASILIQUE SAINT-SAUVEUR

Eine unvollendete Sinfonie: Je nach Haushaltslage wurde die Kirche (12.–18. Jh.) ergänzt, aber nie fertiggestellt. So ist die asymmetrische Fassade in Teilen romanisch-byzantinisch, romanisch und gotisch.

REMPARTS

Vier Tore, 14 Türme, bis zu 8 m dicke Wände einer fast 3 km langen, begehbaren Mauer (13.–16. Jh.): uneinnehmbar

Tor, Artillerieturm und ein pechnasenbewehrter Donjon (14. Jh.) – birgt das städtische Geschichtsmuseum *(Musée Municipal | Place du Guesclin | tgl. Juni–Sept. 10–18.30, sonst 13.30–17.30 Uhr | Eintritt 4 Euro).*

TOUR DE L'HORLOGE

Von der Galerie des Uhrenturms (Ende 15. Jh.) hielten Nachtwächter Ausschau nach Feuer, Dieben und Feinden. Die Glocke (1507), ein Geschenk der Herzogin Anne, gibt noch immer das Zeitsignal. Der Bedienmechanismus ist von 1498.

> *www.marcopolo.de/bretagne*

ESSEN & TRINKEN

BISTROT DU VIADUC

Gleich hinterm Viadukt, der das Tal der Rance überspannt, liegt das charmante Wirtshaus mit typischer Bistroküche und tollem Blick auf Fluss und Hafen. *22, rue du Lion d'Or | Tel. 02 96 85 95 00 | Sa mittags, So abends und Mo geschl.* | €€

CANTORBERY

In dem Granitgemäuer (17. Jh.) mit schwerem Dachgebälk aus bretonischer Eiche und dem enormen Kamin gibt es deftiges Fleisch und Fisch vom Holzkohlegrill. *6, rue Ste-Claire | Tel. 02 96 39 02 52 | So abends und Mo geschl.* | €€

CHÂTEAU D'OH

Das auswärts gelegene Restaurant verblüfft mit seiner Lage auf dem Dach eines Wasserturms *(château d'eau)*. Aus 104 m Höhe genießen Sie neben üppigen Speisen den Blick auf die Smaragdküste. *50, route de Dinard | Tel. 02 96 27 36 98 | Do mittags und Mi geschl.* | €

CRÊPERIE DES ARTISANS

Cidre vom Fass und saftige Crêpes kommen auf die Holztische der beengten Crêperie an der Porte du Jerzual. Sitzen Sie lieber draußen, kommen Sie früh, der große Tisch ist schnell belegt! *6, rue du Petit-Fort | Tel. 02 96 39 44 10 | im Sommer kein Ruhetag, sonst Mo geschl.* | €

ÜBERNACHTEN

D'AVAUGOUR

Dies ist die Topadresse in Dinan: elegante, in Naturfarben gehaltene Zimmer mit allem Komfort. Einige Zimmer haben Gartenblick. *21 Zi., 3 Suiten | 1, place du Champ | Tel. 02 96 39 07 49 | www.avaugourhotel.com* | €€€

LOGIS DU JERZUAL

Das Wohlbehagen im Gasthaus an der Porte du Jerzual ist kaum zu übertreffen. Der Frühstücksraum taucht ein ins Grün des Gartens. *5 Zi. | 25–27, rue du Petit-Fort | Tel. 02 96 85 46 54 | www.logis-du-jerzual.com* | €€

TOUR DE L'HORLOGE

Angenehmes Hotel (18. Jh.) mit zwölf kleinen, orientalisch-farbenfrohen Zimmern. *5, rue de la Chaux | Tel. 02 96 39 96 92 | www.hoteltourdelhorloge.com* | €–€€

MARCO POLO HIGHLIGHTS

★ Cap Fréhel
Der 70 m hohe, rote Wellenbrecher ist besonders bei rauer See unvergesslich (Seite 70)

★ Ploumanac'h
Das rosarote Felsenmeer sieht aus wie handgemacht – ist aber zu 100 Prozent Natur (Seite 74)

★ Dinan
Grauer Granit, buntes Holz – das Schmuckkästchen der Bretagne (Seite 67)

★ Île de Bréhat
Milde Blumeninsel – sozusagen das Mainau der Bretagne, begünstigt vom Golfstrom (Seite 76)

DINAN

FREIZEIT & SPORT

VINTAGE ROADS

Im *Film noir* war er Pflichtinventar, Flics und Gauner fuhren darin. Wollen Sie mal einen *Traction Avant* selbst steuern, rufen Sie Henry Vuillermoz (deutschsprachig) an. Er verleiht die legendären Citroën-Viersitzer mit der langen Schnauze. *Tel. 06 08 85 38 31 | www.vintage-roads. fr | Wochenendtarif voller Tag 285 Euro (200 km), sonst 245 Euro (200 km), inkl. Versicherung*

Insider Tipp

AM ABEND

BLASON NOIR

Charmanter Citypub in altem Granitgemäuer. Alle sind verrückt nach Christophes Wodka Caramel und den Tresenplätzen: Der Barkeeper beherzigt Musikwünsche der Gäste. *18, rue de la Chaux | Mitte Mai–Mitte Sept. tgl. 12–2 Uhr*

AUSKUNFT

OFFICE DE TOURISME

9, rue du Château | Tel. 02 96 87 69 76 | www.dinan-tourisme.com

ZIELE IN DER UMGEBUNG

CAP FRÉHEL ★ ☀ [122 C3]

Majestätisch überragen 45 km nordwestlich von Dinan rote, 70 m hohe Steilfelsen das tiefe Blau des Ärmelkanals. Das superbe Panorama reicht von der Île de Bréhat bis zu den Kanalinseln. Rechts der Kapspitze führt ein Pfad (GR 34) zur Felsnadel *Fauconnière*, Falkenhorst. Sie können dem Pfad durch die karge Heide zum kühn über der See erbauten *Fort La Latte* aus dem 14. Jh. folgen. Mit zwei pechnasenbewehrten Wällen und einem dicken Donjon schützte es

St-Malo vor Angriffen und war 1958 eindrucksvolle Filmkulisse für „Die Wikinger" mit Tony Curtis und Kirk Douglas.

CHÂTEAU DE LA HUNAUDAYE [122 C4]

Von der im 14. Jh. zerstörten Burg 35 km östlich von Dinan (1220), die den Grenzfluss der Grafschaften Lamballe und Dinan sicherte, ist nur noch ein Turm erhalten. 1793 brannten Revolutionäre auch die neue Burg nieder. Heute spiegelt sich die massige Ruine romantisch im Wassergraben. *April–Mitte Juni und Mitte Sept.–Okt. So 14.30–18, Mitte Juni–Mitte Sept. 10.30–18.30 Uhr | Eintritt 3 Euro, im Sommer 3,80 Euro | www.la-hunaudaye.com*

SABLES-D'OR-LES-PINS [122 C3]

Ein mondänes Seebad wollten Baulöwen 1921 aus dem Boden stampfen. Vor der prächtigen Kulisse sanfter Dünen, des langen goldenen Sandstrands und des Cap Fréhel wurden Boulevards angelegt und erste Villen gebaut. Mit dem Börsencrash kam 1929 das Ende. Seither ist der Ort 43 km nordwestlich von Dinan ein unfertiger, surrealer Traum mit Hüpfburgen, Karussells und einem Strandkasino: Die Baupläne wurden nie umgesetzt. Die rustikalen Zimmer des *Manoir St-Michel* (16. Jh.), 300 m oberhalb des Strands, sind nicht riesig, bieten aber Blick aufs Meer (z. B. Zimmer 2, 4 und 9) oder den Hausteich. Klaustrophobe meiden Zimmer 17 und 18: Die Betten stehen unter der Dachschräge. *20 Zi. | 38, rue de la Quarquois | Tel. 02 96 41 48 87 | www.fournel.de | €–€€€*

Insider Tipp

CÔTES D'ARMOR

SAINT-CAST-LE-GUILDO [122 C3]

Wie auf einer Postkarte bettet sich der Ort (3200 Ew.) 33 km nördlich von Dinan mit zwischen Bäumen versteckten Gründerzeitvillen in die Sichelbucht. Von den beiden Landspitzen ✴ *Pointe de St-Cast* und ✴ *Pointe de la Garde* haben Sie Blick auf die Küste und die 2 km

TANNERIE DU FRÉMUR [122 C4]

Darauf konnten nur Bretonen kommen. Eine Gerberei ist nichts Besonderes, aber hier wird seit 1990 auch Leder aus Fischhaut gemacht. Die Handtaschen und Geldbörsen aus Lachs, Lengfisch oder Nilbarsch riechen und schuppen nicht. Originell! *Ploubalay (17 km nördlich von Di-*

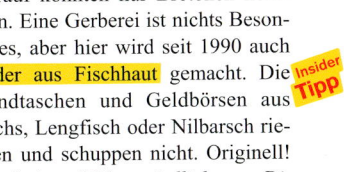

Insider Tipp

Weit ins Meer reicht die Landspitze Pointe de St-Cast

lange *Grande Plage.* Hier können Sie wie schon zur Belle Époque Strandzelte mieten. Leerer sind die Nordstrände wie *La Pissotte* und, trotz Campingplatz, *Quatre Vaulx.* Saubere Zimmer und netter Empfang sprechen für das Hotel *Port Jacquet* auf halber Höhe zwischen Hafen und großem Strand (*18 Zi.* | *32, rue du Port* | *Tel. 02 96 41 97 18* | *www. port-jacquet.com* | *€*).

nan) | *2, rue de Dinan* | *www.tanne riefremur.com* | *Di–Sa 9.30–12 und 14.30–19 Uhr*

PERROS-GUIREC

[121 E1] Der anmutig auf einer hügeligen Halbinsel gelegene Badeort erinnert mit Pinien, kurvenreichen Küstenstraßen und

noblen Villen an die Mittelmeerküste.
Daher verfünffacht sich im Sommer auch die Einwohnerzahl des Orts (8000 Ew.). Der Strandtrubel ist groß, vor allem an der zentralen *Plage Trestraou.*

■ SEHENSWERTES ■

CHAPELLE LA CLARTÉ
Hübsche Kapelle aus rosa Granit (15. Jh.). Der Legende nach erbaute sie der Marquis de Barac'h, der zuvor mit einer Barke in Nebel geriet. Wind und Strömung drohten, das Boot an die Küste zu schmettern. Er

＞LOW BUDGET

> Auch wenn Sie kein eigenes Surfbrett oder Segelboot besitzen, können Sie mit dem *Pass Sensation* gleich lossegeln. Mit diesem Ticketsystem kommen Sie bei nahezu allen Wassersportzentren der Gruppe *Point Passion Plage*, z. B. in *St-Cast, Erquy, Pléneuf* oder *Perros*, billig aufs Wasser. Die Tickets kosten etwa 3–3,50 Euro und sind in Heftchen zu 25 bis 100 Tickets erhältlich. So können Sie ein Windsurfbrett schon für vier Tickets pro Stunde mieten, eine Stunde Katamarankurs kostet 13 Tickets. Die Ticketheftchen erhalten Sie in allen Point-Passion-Plage-Stationen oder im Internet bei *www.for mulesbretagne.com.*

> Mit dem kostenlosen *Bretagne Golf Pass* erhalten Sie auf allen Greenfees der Bretagne 20 Prozent Ermäßigung (gilt nicht in der Hochsaison Juli/Aug.). Das Bestellformular gibt es ebenfalls bei *www.formulesbre tagne.com.*

schwor zur hl. Maria, ihr, so er heimkäme, eine Kapelle zu stiften. Schon öffnete sich der Himmel, und ein Lichtstrahl wies den Weg.

ÉGLISE SAINT-JACQUES
Die Kirche aus rosa Granit hat zwei massive Schiffe, eines romanisch (11. Jh.), eines gotisch (14. Jh.). Jakobsmuscheln im Portalrelief erinnern daran, dass sie einst am Pilgerweg nach Santiago de Compostela lag.

■ ESSEN & TRINKEN ■

LA BONNE AUBERGE
Die Speisenqualität macht das etwas ältliche Dekor wett. In zwei Sälen (einer mit Blick auf die Küste) wird klassische französische Küche mit modernem Touch serviert, z. B. gebratener Kaisergranat in Zwiebel-Nuss-Butter. *Place de la Chapelle | Tel. 02 96 91 46 05 | Sa mittags geschl. | €–€€*

LA CLARTÉ
Spitzenrestaurant nahe der Clarté-Kapelle, in traditionellem Steinhaus mit Sommerterrasse. Knüller der saisonabhängigen Karte: Seeteufel in Cidre und Ofenhummer in Salzbutter. *24, rue Gabriel Vicaire | Tel. 02 96 49 05 96 | Juli/Aug. Mo, sonst Mi abends und So/Mo geschl. | €€–€€€*

LE SUROÎT
Der Koch legt Wert auf frische lokale Produkte. Fischsuppe, Rochenflügel oder Meeres-Couscous sind vorzüglich. *81, rue Ernest Renan | Tel. 02 96 23 23 83 | www.lesuroitperros. com | So abends und Mo geschl. | €€*

Wallfahrt zur Chapelle La Clarté

■ ÜBERNACHTEN ■

HÔTEL SPA L'AGAPA

Der reinste Luxus: Hoch über dem Meer und gegenüber den Sept Îles verfügen die großzügigen Zimmer über Liegen von Le Corbusier und Plasma-TV. Erholung bringen Hamam, Sauna, Schwimmbad oder Fitnesssaal. Auch das Hausrestaurant ist top, Honigtäubchen auf Kümmel und Zwiebel-Trauben-Kompott belegen es. *47 Zi. | 12, rue des Bons-Enfants | Tel. 02 96 49 01 10 | www.lagapa. com | €€€*

■ FREIZEIT & SPORT ■

SENTIER DER DOUANIERS 🌿

Der ebene Küstenpfad (3,5 km) mit tollen Aussichten auf die Sept Îles beginnt bei der *Résidence La Roseraie,* oberhalb des Kasinos, führt durch im Sommer nach Bergamotte und Vanille duftendes Heideland und endet im rosa Felsenchaos von Ploumanac'h.

■ AM ABEND ■

KOUIGN ▶▶

Neue Bar des Kasinos: cooles Innendesign im Look der 1960er- und 70er-Jahre. *Kein Ruhetag*

■ AUSKUNFT ■

OFFICE DE TOURISME

21, place de l'Hôtel de Ville | Tel. 02 96 23 21 15 | www.perros-guirec. com

■ ZIELE IN DER UMGEBUNG ■

CHAPELLE DES SEPT SAINTS   [121 E2]

Die Kapelle der Sieben Heiligen (18. Jh.) in *Le Vieux Marché,* 26 km südlich von Perros, wurde über einem Dolmen erbaut, den Sie durch ein Gitter sehen. Die Heiligenfiguren werden als Siebenschläfer auf dem christlich-islamischen Pardon am letzten Juliwochenende gefeiert. Die im 3. Jh. in Ephesus (Türkei) lebendig eingemauerten Männer wachten, so heißt es, bei ihrer Entdeckung 200 Jahre später wieder auf.

CHÂTEAU DE TONQUÉDEC   [121 E2]

Die verträumte Ruine 23 km südlich von Perros ragt mitten im Wald auf einem Felssporn über das Tal des

SAINT-BRIEUC

Lachsflusses Léguer. Mauerreste der ersten Burg (12. Jh., im 14. Jh. zerstört) sind am Eingang zu sehen. *April/Mai und Sept. tgl. 15–19, Juli/Aug. tgl. 10–20, Okt. Sa/So 14–18 Uhr*

CÔTE DES AJONCS [121 F1]

Das sanft zum Meer geneigte Heideland und die zerklüftete sogenannte Stechginsterküste bilden attraktive Kontraste. An der *Pointe de Castel Meur* bei *Plougrescant,* 26 km östlich von Perros, steht das von zwei Granitblöcken bedrohlich eingerahmte Steinhaus (1861), das Postkarten weltberühmt machten – so sehr, dass Touristen der Besitzerin förmlich die Tür einrannten. Diese untersagt nun, man kann es ihr nachfühlen, jede kommerzielle Nutzung von Fotos ihres Hauses.

PLOUMANAC'H ⭐ [121 E1]

Der Ort 5 km nordwestlich von Perros erstaunt mit sogar in Hausgärten liegenden, riesigen Felsblöcken. Im imposanten rosafarbenen Felsenmeer rund um den Leuchtturm *Men Ruz* (1947) tragen die bizarren Naturkunstwerke klingende Namen wie Teufelsschloss, Napoleons Hut, Kaninchen oder Champignon. Die Farbe rührt vom Eisenoxid in dem erodierten Lavastein her. Die *Crêperie Mao (147, rue St-Guirec | Tel. 02 96 91 40 92 | kein Ruhetag | €– €€)* bietet deftige Crêpes mit viel Salzbutter. Sonnenuntergänge über den Felsen am Stadtstrand genießen Sie von den einfachen Zimmern des Hotels *St-Guirec (24 Zi. | Tel. 02 96 91 40 89 | www.hotelsaint-guirec.com | €).*

LES SEPT ÎLES [121 E1]

Der Archipel ist Frankreichs wichtigstes Vogelschutzgebiet (über 24 000 Brutpaare). Hier nisten 27 Arten. Boote fahren Sie auch an die *Île Rouzic* mit Frankreichs einziger Basstölpelnistkolonie heran. Auf Morgenausfahrten sehen Sie mehr Vögel, bei Ebbe sogar Kegelrobben. *Gare Maritime, Trestraou | Reservierung Tel. 02 96 91 10 00 | April–Sept. tgl. | 17–19 Euro*

TRÉBEURDEN [121 E1]

„S'attache qui m'aborde", wer zu mir kommt, bleibt! Das prätentiöse Dogma des Badeorts (3800 Ew.) 15 km westlich von Perros ist dank der sechs Strände und des wilden Felsenmeers nicht zu hoch gegriffen. Der von zwei Kaps umgebene Hauptstrand *Tresmeur* ist dank der nahen Disko *Chandelles* auch abends voll. Alternativen: *Pors Mabo* mit feinstem und *Goastreiz* mit gröberem Sand. Auf der Castel-Halbinsel stehen grotesk geformte Felsen, z. B. *Père Trébeurden* mit vorstehendem Kinn. Das Hotelrestaurant *Lan Kerellec (Tel. 02 96 15 00 00 | www.lankerellec.com | Fr–So jeweils mittags geschl. | €€€)* verwöhnt mit 19 charmanten, teils etwas kitschig dekorierten Zimmern. Der Blick auf die Küste am Panoramafenster lässt den Fisch doppelt gut munden.

SAINT-BRIEUC

[122 B4] **Die Departementhauptstadt (50 000 Ew.) liegt hoch über zwei Flusstälern, 3 km vom Meer entfernt. Als Verwaltungs- und Industriezentrum auf den ersten Blick keine Schönheit, ist** die kleine Altstadt mit ihren Fachwerkhäusern durchaus den Besuch wert. Die weite Bucht ist berühmt für köstliche Jakobsmuscheln.

■ SEHENSWERTES ■

ALTSTADT
Nördlich der Kathedrale steht altes Fachwerk aus dem 15./16. Jh.: Das

betören das Gotikfenster (15. Jh., Glas 19. Jh.) des Südquerschiffs und die Renaissanceorgel (19. Jh.).

■ ESSEN & TRINKEN ■

AUX PESKED ☀
Pesked ist Bretonisch und heißt Fisch. Davon gibt es in dem modernen Lokal mit der tollen Sicht auf das

Gischtumsprüht: bizarr geformte Felsformationen bei Ploumanac'h

Hôtel des Ducs de Bretagne mit großen Tavernenfenstern *(15, rue Fardel)* war eine florierende Herberge. Die *Maison du Ribéault (1, place au Lin)* ist wegen des überreichen Ständerwerks reizvoll. Mehr alte Häuser finden Sie in der *Rue du Gouët* und an der *Place du Martray*.

CATHÉDRALE SAINT-ÉTIENNE
Bei Feindesattacken diente die Kathedrale (ab 12. Jh.) als Burg. Innen

Gouët-Tal genug – und immer frisch. Die Karte variiert je nach Fischangebot. *59, rue du Légué | Tel. 02 96 33 34 65 | www.auxpesked. com | Sa mittags und So abends geschl. | €€–€€€*

LE SYMPATIC
Einheimische mögen das Lokal wegen seiner wohligen Atmosphäre und delikaten Gerichte wie Grillbarsch in Zitronensauce oder Geflügelleberter-

rine an Backpflaumen. *9, boulevard Carnot | Tel. 02 96 94 04 76 | Mo abends, Sa mittags und So geschl. | €–€€*

■ ÜBERNACHTEN ■
DE CLISSON
Komfortables, klassisch möbliertes Haus nahe der Kathedrale. Die *Jolie Chambre* hat eine Whirlpoolwanne mit Lichttherapieeinrichtung. Unpraktisch: Zu 25 Zimmern gehören nur 12 Parkplätze. *36–38, rue de Gouët | Tel. 02 96 62 19 29 | www.hoteldeclisson.com | €€–€€€*

KER-IZEL
Renoviertes Steinhaus in recht ruhiger Straße nahe der Kathedrale. Die Zimmer sind eher klein, aber wohnlich. Hotelgäste dürfen im Sommer den Pool nutzen. *22 Zi. | 20, rue de Gouët | Tel. 02 96 33 46 29 | www. hotel-kerizel.com | €*

■ FREIZEIT & SPORT ■
BRETAGNE EN MONTGOLFIÈRE
Heben Sie im Fesselballon in eine stille Bretagne ab! Das Ziel der etwa einstündigen Fahrt ist windabhängig und offen, Begleitwagen werden per Funk über den Landeort aufgeklärt. *AANB | 4, chemin de la Fournière | Tel. 02 96 79 80 69 | www.montgolfiere-bretagne.com | 250 Euro pro Person*

■ AM ABEND ■
O'KENNY
In dem Irish Pub gibt es keine roten Ledersofas, dafür aber familiäre Atmosphäre und jeden Donnerstagabend Livemusik. *10, rue Mireille Chrisostome | So geschl.*

■ AUSKUNFT ■
OFFICE DE TOURISME
7, rue St-Guéno | Tel. 08 25 00 22 22 | www.baiedesaintbrieuc.com

■ ZIELE IN DER UMGEBUNG ■
ÎLE DE BRÉHAT ★ [122 A2]
Palmen, Feigen und Zitrusfrüchte grünen auf der 3 km² kleinen Insel (380 Ew.). Sie kann auf markierten Wanderwegen umrundet werden. Am Leuchtturm ☀ *Paon* haben Sie tolle Blicke auf die mit Untiefen gespickte Granitküste. Die unspektakulären 15 Zimmer der *Vieille Auberge*, eines alten Korsarenhauses (1711), sind fünf Gehminuten vom Meer entfernt *(Le Bourg | Tel. 02 96 20 00 24 | €€)*. Wissenswertes zur Insel gibts auf *www.ile-de-brehat.org*. Boote *(8,50 Euro hin und zurück)* fahren ab *Pointe de l'Arcouest*, Abfahrtszeiten siehe *www.vedettesdebrehat.com*.

Insic Tip

ERQUY [122 B3]
Die Jakobsmuschelkapitale (3900 Ew.) 30 km nordöstlich ist ein Badeparadies. Besonders an den Stränden *Lourtouais, Portuais* oder *Lanruen* im Norden, wo weniger los ist und die Steilküste eine romantische Kulisse bietet. Wanderer schätzen den ☀ Küstenpfad, der zu schönen Aussichtspunkten auf die Bucht und die Küste bis zum Cap Fréhel führt. In der Fangsaison ist das *Escurial* Topadresse für Edles aus Jakobsmuscheln *(Boulevard de la Mer | Tel. 02 96 72 31 56 | Juli/Aug. Mo, sonst Mo und So abends geschl. | €€–€€€)*.

PAIMPOL [122 A3]
Von 1852 bis 1935 fuhren von Paimpol (8000 Ew.) jährlich bis zu 50

Schoner aus, um in den gefährlichen Gewässern vor Island Kabeljau zu fischen. Etwa 100 Boote und 2000 Mann kehrten nie zurück. Die Erinnerung daran hält das *Musée de la Mer* mit Modellen, Fotos, Briefen und Utensilien wach *(Rue de Labenne | museemerpaimpol.com | Eintritt 4,50 Euro)*. An der *Place du Martray* stehen granitene Reederpa-

PLÉNEUF-VAL-ANDRÉ [122 B3]

Sandstrände kennzeichnen den Ort (3900 Ew.) 27 km nordöstlich von St-Brieuc. Die *Grande Plage* lockt mit ihrer Promenade, die *Plage de la Ville Berneuf* mit mehr Ruhe. Zwischen Heide und Meer liegt der schöne Golfplatz *de Val-André (Rue de la Plage des Vallées | Tel. 02 96 63 01 12 | Greenfee 57 Euro).*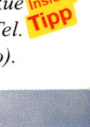

Die Bretagne kann auch sanft sein, beispielsweise auf der Île de Bréhat

läste (16. Jh.). Im ortsältesten Laden, der *Quincaillerie Jezequel* (15. Jh.), werden seit 1886 Eisenwaren verkauft *(6, rue des Huit Patriotes).* Am Kai liegt das charmante *Hôtel K'Loys (17 Zi. | 21, quai Morand | Tel. 02 96 20 40 01 | Fax 02 96 20 72 68 | €€–€€€).* Von Einheimischen geschätzt: das Hausrestaurant *L'Islandais (€–€€).* Die solide Küche baut auf Fisch, Meeresfrüchte und Fleisch. *46 km nördlich*

POINTE DE L'ARCOUEST [122 A2]

Am Kap mit Blick auf die zerklüftete Küste steht das bewegende Witwenkreuz, *Croix des Veuves* (18. Jh.). Im August, zum Ende der Islandkampagne, warteten Frauen hier ungeduldig auf überfällige Väter, Männer und Söhne. Gedenktafeln an der Friedhofsmauer Ploubazlanecs erinnern an verschollene Besatzungen. *49 km nördlich von St-Brieuc*

> SOMMER, SONNE, STRAND

Die Südbretagne ist ideales, beinahe schon mediterran anmutendes Revier für Sonnenanbeter, Wassersportler und Liebhaber monumentaler Baukunst

> Das Mor Bihan ist das einzige französische Departement, das keinen französischen Namen trägt: „Kleines Meer" heißtauf Bretonisch das flache Binnenmeer, das bei Vannes beginnt und bei Locmariaquer in den Atlantik mündet.
Für Segler ist das inselübersäte Gewässer ein Paradies, genauso wie die benachbarte Bucht von Quiberon mit ihren goldenen Sandstränden. Blendend weiß getünchte Häuser bilden attraktive Kontraste zum tiefblauen

Himmel und sattgrünen Pinienhainen. Überall stehen Menhire herum, die wie prähistorische Wegweiser bezeugen, dass die golfstrombeglückte Gegend schon in grauer Vorzeit besiedelt wurde. Viele Städte haben ihr buntes Fachwerk in die Moderne hinüberretten können. So sind auch hier elegante Altstädte nicht selten. Die durch Seehandel reich gewordenen Orte imponieren mit prächtigen Wehranlagen.

Bild: Belle-Île, Hafen von Sauzon

MORBIHAN

PRESQU'ÎLE DE QUIBERON

[124 A4] **Die 17 km lange Halbinsel lockt an ihrer Westseite mit der vom Atlantik hartnäckig bearbeiteten, spektakulären Felsküste Côte Sauvage.** Der Osten hat dagegen wind- und wellengeschützte Sandstrände, die mit ihrem feinen Sand ideal für Familien sind. Das Kap besteht aus mehreren Urlaubsor-

ten, vor allem *St-Pierre-Quiberon* mit seinen weiß getünchten Ferienhäusern und dem Hauptort *Quiberon* (5500 Ew.), von dessen belebtem Hafen Port Maria die Fähren nach Belle-Île starten.

◼ SEHENSWERTES ◼◼◼◼

CÔTE SAUVAGE

Die „Wilde Küste", ideal für herrliche Wanderungen, zieht sich über 8 km vom Ort Quiberon bis zur

Pointe du Percho im Norden. Sie beginnt am südwestlichen Ortsausgang von Quiberon bei der romantischen *Villa Turpault* (1904). Bei stürmischer See ist die Felsküste außerordentlich wild, hohe Wellen lecken

Die Wilde Küste trägt ihren Namen zu Recht

häufig bis auf die Straße. Auf dem Küstenpfad (Fahrräder verboten!) entdecken Sie daher eher karges Heideland und stille Strandbuchten. Bei der *Pointe du Percho* erschwerte der Zöllnerposten (17. Jh.) das Handwerk der Tabakschmuggler, die Frankreichs hohe Importzölle umge-

hen wollten. Achtung: Das Baden ist an der gesamten Côte Sauvage wegen gefährlicher Strömungen ganzjährig verboten!

FORT DU PENTHIÈVRE

An der Landenge, die die frühere Insel Quiberon seit dem 11. Jh. ans Festland bindet, steht die Festung (18. Jh.), in der 1944 59 Résistance-Anhänger von Wehrmachtsoldaten gefoltert, getötet und in einem Tunnel verscharrt wurden. Das Dritte Französische Marineinfanterieregiment ist hier stationiert, das Fort nicht zu besichtigen. Sie dürfen aber zum beklemmenden Todesschacht hinabsteigen.

◼ ESSEN & TRINKEN ◼
CRÊPERIE DU MANOIR

Im schattigen Garten des Gebäudes (18. Jh.) bekommen Sie Galettes auf Basis von Bioprodukten. Lecker: die *Crêpe du Manoir* mit Crème-Brûlée-Eis und hausgemachtem Karamell. *2, rue du Puits | Tel. 02 97 50 13 86 | im Sommer kein Ruhetag, sonst Di/Mi geschl. | €–€€*

L'ORANGE BAR

Kommen Sie zeitig, dann erhaschen Sie einen Platz auf der Terrasse des einfachen, von April bis September geöffneten Restaurants am Keraude-Strand von St-Pierre-Quiberon. Zu empfehlen sind Austern und gebratene Jakobsmuscheln. Sie können hier auch frühstücken. *90, quai d'Orange | Tel. 02 97 30 92 08 | €*

LE VIVIER

Inside Tipp

Außerhalb des Sommers ist das an der Côte Sauvage liegende Restaurant ein Knüller, denn zu saisonalen Meeresfrüchten gibts gratis die umwerfende Aussicht auf Belle-Île und die Atlantikbrecher. *Route de la Côte Sauvage | Tel. 02 97 50 12 60 | Mo geschl. | €–€€*

EINKAUFEN

Frisches aus der Region bekommen Sie samstagmorgens auf dem Markt der *Place du Varquez* in Quiberon.

ÜBERNACHTEN

ACCOR SOFITEL THALASSA
Nicht billig, aber dafür mit echtem Wohlfühlwert ist der Thalasso-Aufenthalt im Hotel an der *Pointe du Goulvars.* Küchenchef Patrick Barbin sorgt im hauseigenen Restaurant mit klassischer französischer Küche für Gaumenfreuden. *133 Zi. | Tel. 02 97 50 20 00 | www.accorthalassa. com | €€€*

BELLEVUE ☆
„Schöne Aussicht" aufs Meer haben Sie von den oberen zwei Etagen des Betonklotzes aus den1970er-Jahren nahe der *Pointe de Beg er Vil.* Das Äußere ist eher uncharmant, die

Zimmer aber sind einladend und hell. Es gibt keinen Lift, doch dafür einen beheizten Swimmingpool. *38 Zi. | Rue de Tiviec | Tel. 02 97 50 16 28 | www.bellevuequiberon.com | €€– €€€*

Lokale Produkte auf dem Wochenmarkt

L'OCÉAN
Das nur wenige Meter vom Fähranleger entfernte, seit 1897 von der gleichen Familie bewohnte Haus erkennen Sie an den bunten Fensterläden. Einige Badezimmer sind klein, fragen Sie besser nach den größeren mit Hafenblick – falls Sie das Möwenge-

MARCO POLO HIGHLIGHTS

⭐ **Golfe du Morbihan**
Kleines Meer am Meer
(Seite 91)

⭐ **Vannes**
Buntes Fachwerk en masse
(Seite 88)

⭐ **Belle-Île**
Stolz und schön präsentiert sich die größte Insel der Bretagne (Seite 83)

⭐ **Josselin**
Märchenschloss über dem Oust
(Seite 92)

⭐ **Carnac**
Das Mekka der Menhire
(Seite 84)

⭐ **Locmariaquer**
Noch ein Menhir: und zwar der größte überhaupt (Seite 86)

schrei nicht nervt. *37 Zi. | 7, quai de l'Océan | Tel. 02 97 50 07 58 | www. hotel-de-locean.com | Allerheiligen bis Ostern geschl. | €€*

■ FREIZEIT & SPORT ■

Radwanderwege laden zum Er-Fahren der Halbinsel ein. Falls Ihr Fahrrad daheim blieb, leihen Sie sich bei *Cycle Loisir* in Quiberon Ersatz *(Rue Victor Golvan | Tel. 02 97 50 31 73 | www.cyclesloisirs.free.fr | Tagespreis ab 11 Euro, Tandem bis 21 Euro).*

Sie wollen Quiberon von oben sehen und wiegen weniger als 95 kg? Dann wagen Sie im Tandem mit dem Fallschirmspringer Thierry Bovard den Sprung in die Tiefe – Nervenkitzel garantiert *(Entre Ciel et Terre | Tel. 06 16 39 24 23 | www.entrecielet terre.com | 245 Euro, Video des Sprungs auf DVD 90 Euro).* Mit der *École Française de Plongée* in Quiberon tauchen Sie zu verschiedenen Wracks, z. B. dem norwegischen Dreimaster „Carl Bech", der 1911 mit Mann und Maus unterging *(3, quai de Houat und 32, place de la Chapelle | Tel. 02 97 50 00 98 | www.plongee-rivier.com | Taufe 44 Euro, Tauchgänge ab 28 Euro).*

■ STRÄNDE ■

GRANDE PLAGE

Der Stadtstrand von Quiberon ist im Sommer einer der meistbesuchten der Bretagne. Eisverkäufer, schreiende Kinder, flirtende Dandys, langbeinige Badenixen: Alle Klischees des Badeurlaubs sind hier vereint, und das schon seit mehr als 100 Jahren.

PENTHIÈVRE

Vom Festland aus gesehen endet der immense Atlantikstrand eigentlich genau vor der Halbinsel, nämlich an der Landenge des gleichnamigen Forts. Dafür gibt es hier viele freie Quadratmeter Sand. Der wind- und wellengeschützte Strand auf der anderen Straßenseite liegt am Golf von Quiberon und ist ideal für Familien.

SAINT-JULIEN

Der östliche Ortsteil besitzt einen ruhigen, geschützten ==Sandstrand==.

■ AM ABEND ■

RHUMERIE LE NELSON ▶▶

Die gemütlich-dunkle Bar in Quiberon ist *die* Institution in Sachen Rum, es gibt aber natürlich auch andere Getränke. *20, place Hoche | kein Ruhetag*

MORBIHAN

■ AUSKUNFT ■

OFFICE DE TOURISME
14, rue Verdun | Tel. 08 25 13 56 00 |
www.quiberon.com

■ ZIELE IN DER UMGEBUNG ■

BELLE-ÎLE ★   **[124 A5]**
Die größte Atlantikinsel der Bretagne,
17 km lang, 5–10 km breit, empfängt

ten. Sie können sie zu Fuß, per Rad
(Verleih ab 10 Euro/Tag) oder mit dem
Mietwagen (ulkige *Méharis,* von Ci-
troën von 1968 bis 1987 gebaute, offene Freizeitautos auf Basis der Ente,
z. B. bei *www.locatourisle.com,* ab 82
Euro/Tag) erkunden. Lohnendes Ziel
ist das ruhige *Sauzon* mit seinen bunt
getünchten Hafenhäuschen. Der Ort im

Die Westküste von Quiberon, die Côte Sauvage, ist die rauere Seite der Halbinsel

Sie am Fährhafen *Le Palais* (2900 Ew.)
mit einer gewaltigen Zitadelle (ab
1549), die einst die Küste gegen Engländer und Holländer sichern sollte.
Doppelte Ringmauer, Gräben, Spitz-
bastionen: Vaubans Einfluss ist augen-
fällig. Die Festung birgt ein interessan-
tes *Heimatmuseum (tgl. April–Juni und
Sept./Okt. 9.30–18, Juli/Aug. 9–19,
sonst 9.30–12 und 14–17 Uhr | Eintritt
6,50 Euro).* Die Insel (5000 Ew.) ist an
Landschaftsvielfalt kaum zu überbie-

Norden der Insel bot die Kulisse für
den Fernsehmehrteiler „Dolmen". An
der ☀ *Pointe des Poulains* erzählt das
*Museum (April–Sept. tgl. 10.30 bis
17.30 Uhr | Eintritt 4 Euro)* im frühe-
ren Landsitz der Sarah Bernhardt das
bunte Leben der exzentrischen Pariser
Theaterdiva (1844–1923). Im Westen
trotzt die steile, wild gezackte Côte
Sauvage den Winterstürmen. Claude
Monet malte sie 39-mal. Daneben hat
die Erosion hier einige schöne Bade-

buchten geformt, z. B. *Baluden/Herlin.* In der Nähe steht das berühmte  *Castel Clara (43 Zi., 20 Suiten | Tel. 02 97 31 84 21 | www.castel-clara.com | €€€).* Das immense Luxushotel und Nobelrestaurant bietet tolle Ausblicke auf den Ozean. Noch besser überschauen Sie Meer und Insel vom Leuchtturm *Goulphar* von 1836 mit 213 Stufen, der im Sommer offen steht. An der Ostküste liegt der feine, 1,5 km lange Sandstrand *Plage des Grands Sables.* Die stark jodhaltige Felsenentenmuschel *pouce-pied* von Belle-Île ist rar und durch begrenzte Ernten extrem teuer: 1 kg kostet weit über 300 Euro! Dagegen sind die mit Biozutaten bereiteten Crêpes der *Chaloupe* in *Le Palais* günstig *(8, avenue Carnot | Tel. 02 97 31 88 27 | im Sommer kein Ruhetag, sonst Mo geschl. | €).* Preiswert übernachten können Sie im renovierten *Hôtel l'Acadien* gleich hinterm Rathaus *(13 Zi. | 36, rue Joseph Le Brix | Tel. 02 97 31 84 86 | www.hotel-acadien.com | €€).* Adressen und weitere Informationen zur Insel finden Sie auf *belleisleenmer.free.fr* und *www.belle-ile.com,* Überfahrtszeiten und Fährenpreise erfahren Sie auf *www.smn-navigation.fr, www.compagnie-oceane.fr* und am Terminal *Port Maria* in Quiberon.

CARNAC ⭐ [124 A4]

Hier ist Menhirland! Die Steinreihen, *alignements,* sind die berühmtesten und größten der Welt: Auf etwa 400 000 m^2 wurden zwischen 4000 und 3800 v. Chr. über 3000 Menhire aufgerichtet; zählt man die des nahen *Erdeven* mit, steigt die Zahl auf über 4000. Meiden Sie den Trubel und kommen frühmorgens oder spätabends, am besten bei feuchter Witterung! In geheimnisvolle Nebel gehüllt, entfalten die Menhire dann ihre ganze Magie. Allein in *Menec* stehen auf 950 m 1169 Menhire in elf Reihen. Im Südwesten schließen sich die Reihen von *Kermario* mit 982 und *Kerlescan* mit 579 Menhiren an. Die

Fast 1000 Menhire in zehn Reihen bilden das Alignement de Kermario

Maison des Mégalithes bietet im Sommer tägliche Führungen an *(Le Menec | Tel. 02 97 52 29 81 | 4 Euro/Pers.).* St-Michel, den größten Grabhügel Carnacs, 125 m lang und 12 m hoch, erkennen Sie an der Kapelle auf seiner Spitze; er ist derzeit wegen Grabungen geschlossen. Besuchen Sie dafür den ältesten Tumulus der Region, *Kercado* (4500 v. Chr.). Er besitzt noch die ursprüngliche Erdaufschüttung *(Parkplatz an der Crêperie Kercado | Gebühr 1 Euro).* Nach einem unbeschwerlichen Waldspaziergang von etwa zehn Minuten erreichen Sie den Riesen von *Manio,* mit 6,45 m Höhe der größte noch stehende Menhir von Carnac *(Parkplatz am Reitstall von Kerlescan).*

Gut schlafen können Sie in der charmant-altmodischen Herberge *Le Râtelier (8 Zi. | 4, chemin du Douet | Tel. 02 97 52 05 04 | www.le-rate lier.com | €€).* Den einstigen Chic des noblen Badeorts *Carnac-Plage* (5000 Ew.) spüren Sie noch bei den Gründerzeitvillen gleich hinter dem immer gut besuchten Strand. *17 km nördlich von Quiberon*

Insider Tipp

RIA D'ETEL [124 A3]
Wie ein skandinavischer Fjord, nur nicht so tief, schneidet die 40 000 m² große Ria, 24 km nordwestlich von Quiberon, ins Land. Inmitten des ruhigen Gewässers, in dem Surfer, Taucher und Segler ihr Glück finden, liegt bei *Belz* die verträumte, per Steinbrücke mit dem Festland verbundene Insel *St-Cado.* In der Kapelle (12. Jh.) soll das Beugen über das Grab des hl. Cado Taubheit heilen. Die Ria hat auch ihre Tücken:

Die sogenannte *Barre d'Etel* ist eine unentwegt durch Strömungen verschobene Sandbank, die bei bestimmten Wind- und Gezeitenkonstellationen eine unüberwindbare Hürde für Boote darstellt.

GÂVRES [121 F6]
Am Ende eines kilometerlangen Sandstreifens (Schießplatz der Marine, Sperrgebiet!) liegt der authentische kleine Fischerort, 38 km nordwestlich von Quiberon. Selten verlieren sich Touristen hierher, die aber werden belohnt: Links der Straße, an der Sie nur an bestimmten Stellen parken dürfen, befindet sich hinter den Dünen ein toller Strand, der auch von Kitesurfern genutzt wird.

HENNEBONT [124 A3]
Die alte Stadt am Blavet (14 000 Ew.) 53 km nordwestlich von Quiberon überragt der 72 m hohe Glockenturm der prächtigen Flamboyantgotik-Basilika *Notre-Dame-du-Paradis* (16. Jh.). An der *Porte Bro Erec'h* erklimmen Sie über Treppen Reste der ☀ Wehrmauer, von der Sie schöne Ausblicke auf den Fluss haben. Im großen Park des Nationalgestüts leben 60 Zuchthengste, darunter auch mächtige bretonische Zugpferde. Die Besichtigung umfasst Museum, Ställe, Sattlerei, Hufschmiede und die Dressuranlagen *(Haras National | 1, rue Victor Hugo | Juli/Aug. tgl. 10–19 Uhr, sonst siehe www.haras-hennebont.fr | Eintritt 6,90 Euro).*

ÎLE D'HOUAT/ÎLE D'HOËDIC [124 A–B5]
Intakte Natur mit Ginsterbüschen, Sandstränden, Felsbuchten, die Sie zu Fuß oder auf Houat auch per Rad

erkunden können *(Verleih Rue du Port | Tel. 02 97 30 66 64). Houat* (5 km lang, 1 km breit, 350 Ew.) lockt mit den Dünenstränden *Er Goured* und *Er Salus;* ungewöhnlich ist der nach außen gewölbte Strand *En Tal.* Das Klima ist rau, abseits des Orts stehen kaum Bäume. Auf *Hoëdic* (2,5 km lang, 0,8 km breit, 130

LOCMARIAQUER ⭐   [124 B4]

Hauptattraktion des Hafenorts (1500 Ew.) 30 km nordöstlich von Quiberon ist der weltgrößte Menhir, der *Grand Menhir Brisé.* Er misst 20,60 m und wiegt 280 t. Man fand heraus, dass er Teil einer Reihe von 19 Riesenmenhiren war und später umgestoßen wurde, wohl um die

Das Städtchen Pontivy liegt malerisch am Fluss Blavet

Ew.) regelte bis Ende des 19. Jhs. der Pastor die Inselpolitik. An seinem „Grundgesetz" orientierte sich das Inselleben, am 4 m hohen Jungfrauen-Menhir die Seeleute. Die Insulaner leben heute überwiegend von Hummer- bzw. Krabbenfischerei und Tourismus. Die *Compagnie Océane* fährt die beiden Inseln ganzjährig ab Quiberon an *(Tel. 08 20 05 61 56 | www.compagnie-oceane.fr).*

Bruchstücke als Decksteine in Dolmen zu nutzen. Daneben sehen Sie den Kaufmannstisch *(La Table de Marchand),* einen Dolmen, und den insgesamt 130 m langen Tumulus *Er Grah.* Alle drei wurden zwischen 4700 und 3800 v. Chr. errichtet. Zwischen der nahen Aussichtsplattform der *Pointe de Kerpenhir* und dem Kap gegenüber können Sie super picknicken. Von Locmariaquer be- **Insider Tipp** fahren auch Ausflugsboote den Golfe du Morbihan (siehe S. 91).

LORIENT [121 E–F6]

An der Mündung des Scorff, 40 km nordwestlich von Quiberon, ließ Jean-Baptiste Colbert im 17. Jh. Kaianlagen bauen. Hier wurde die Ladung der Handelsschiffe der Ostindischen Kompanie gelöscht. Die bretonischen Docker nannten den Platz *an orient,* der Orient. Und so heißt die Stadt (60 000 Ew.) noch heute. Wie Brest hatte sie eine deutsche U-Boot-Basis und wurde als letzte befreite Stadt der Bretagne im Zweiten Weltkrieg fast völlig zerstört. Auf 6000 m² Fläche beherbergen Teile der Basis die *Cité de la Voile Eric Tabarly,* Gedenkstätte an den großen Skipper aus Nantes (1931–98) und futuristisches Segelmuseum *(Feb.–Juni und Sept.–Dez. Di–So 10–18, Juli/Aug. tgl. 10–19 Uhr | www.citevoile-tabarly.com | Eintritt 11,50 Euro).* Museumsbesucher können gleich in See stechen und mit einer hochmodernen Yacht die Reede von Lorient besegeln *(Aufpreis 14 Euro).* Das *Amphitryon* des Spitzenkochs Jean-Paul Abadie ist Lorients Restaurant Nummer eins. Die Cannelloni mit Schaltieren und Jakobsmuschel zu rosa Zwiebeln und Trüffeln sind ein Gedicht *(127, rue Colonel Jean Muller | Tel. 02 97 83 34 04 | So/Mo geschl. | €€€).*

Insider Tipp

PONTIVY [124 A–B2]

Der Ort (10 000 Ew.) am Fluss Blavet, 70 km nördlich von Quiberon, besitzt in den mittelalterlich gepflasterten Straßen rund um das von zwei wuchtigen Ecktürmen flankierte Ro-

han-Schloss (15. Jh.), die *Place du Martray,* die *Rue du Fil* und die *Rue du Pont* viele bunte Fachwerkhäuser. 1804 wurde die Stadt in Napoléonville umbenannt, der Baustil war nun rational und nüchtern. Von dieser Periode zeugen Straßenzüge und die Fassaden der Kaserne, des Rathauses und des Justizpalasts.

PORT-LOUIS [121 F6]

Die Zitadelle, ab 1590 zum Schutz des Hafens gebaut, birgt das *Musée de la Marine* mit Sammlungen zu Meeresarchäologie und Seenotrettung. Großbildschirme zeigen stürmische Einsätze der Schlepper „Abeille Flandre" und „Abeille Bourbon". Das *Musée de la Compagnie des Indes* erzählt die bewegte Geschichte der französischen Ostindischen Handelskompanie, die ab 1664 Baumwolle, Porzellan, Seide, Gewürze, Tee und Kaffee aus Übersee importierte. Atemberaubend sind das afrikanische Kunsthandwerk, die geschnitzte chinesische Tao-Elfenbeinstatue und das prächtige, 3 m lange Modell des 900-t-Seglers „Massiac". Eher gruselig sind die Amputationswerkzeuge der Seeleute *(Feb.–April und Sept.–Mitte Dez. Mi–Mo 13.30–18, Mai–Aug. tgl. 10–18.30 Uhr| musee.lorient.fr | Eintritt 6 Euro für beide Museen).*

Insider Tipp

Im Nachbarort *Locmiquélic* können Sie in der unscheinbaren *Crêperie Maritime* Ihren Hunger stillen. Empfehlenswert: die Buchweizencrêpe *Compostelle* mit Jakobsmuschel, Porree, Knoblauch und Crème fraîche *(27, Grande Rue | Tel. 02 97 33 80 37 | Do geschl. | €).* 40 km nordwestlich von Quiberon

LA TRINITÉ-SUR-MER [124 B4]

Die riesige Marina (1290 Liege-plätze) 22 km nordöstlich von Quibe-ron ist das Mekka der Segelfans. Von der Kerispert-Brücke haben Sie tolle Blicke auf die weißen Hafen-häuser und den Mastenwald, überragt von Großmasten enormer Sporttri-marane. Von März bis Oktober fin-den internationale Regatten statt. Der exzellente **Meeresfotograf Philip Plisson betreibt in La Trinité einen Direktverkauf** *(Cours des Quais),* der Showroom in Crac'h fiel 2010 einem Feuer zum Opfer. Fühlen Sie sich zu höherer Fotografie berufen, senden Sie Ihr Werk an den Meister: Eine Jury prüft, ob es ins Verlagspro-gramm aufgenommen werden kann *(www.plisson.com).*

VANNES

🗺 **KARTE IN DER HINTEREN UMSCHLAGKLAPPE**

[124 B3] ⭐ **Die 2000 Jahre alte Stadt (52 000 Ew.) liegt an der Marle, die bei Conleau in den Golf mündet.** Ein Bum-mel durch die malerischen Altstadt-gassen und entlang der Wehrmauer vermittelt einen Eindruck vom Glanz der früheren Seehandelsmetropole, die im 14. Jh. bevorzugte Residenz bretonischer Herzöge war und später Hauptstadt des Morbihan wurde.

◾ SEHENSWERTES ◾◾◾

ALTSTADT

Der Eingang befindet sich an der *Porte St-Vincent* (1704) gegenüber der Marina. Die Straße dahinter säu-men prächtige Stadthäuser (1675). Vorbei an der neuen Markthalle auf der *Place des Lices,* dem früheren

Turnierplatz, führen die Gässchen hi-nauf zu herrlichen, teils etwas schie-fen Häusern mit buntem Ständerwerk (ab 15. Jh.). Die erhabene Kathedrale *St-Pierre* (11–18. Jh.) besitzt ein Langschiff mit zehn Seitenkapellen. Die vierte der linken Seite ist eine in der Bretagne rare Renaissance-Rund-kapelle italienischen Stils. Sie birgt die Reliquien des hl. Vinzenz, eines spanischen Dominikanermönchs, der 1419 in Vannes starb.

LA COHUE

Gegenüber der Kathedrale steht, et-was beengt von Nachbarhäusern, ein Gebäude (12. Jh.) mit seltsamem Na-men (*cohue* bedeutet Gedränge, Ge-schubse). So hießen französische Markthallen im Mittelalter häufig. Im Obergeschoss tagten die bretoni-schen Stände und ab 1485 für kurze

Zeit auch das bretonische Parlament. Hier rief Frankreichs König Franz I. 1532 nach einem Treffen mit den Ständen die von der Krone lang ersehnte Union mit der Bretagne aus.

CONLEAU
Der Ortsteil, die grüne Lunge von Vannes, war einst eine Insel. Parken Sie am Wendehammer und nehmen den Pfad, der zu schönen ❄ Aussichtspunkten auf den Hafen Port Anna und den Golf führt. Hier befinden sich ein kleines Meerwasserfreibad, das Sie frei nutzen dürfen, und ein Anleger für Boote zur Insel Arz.

REMPARTS ❄
Die Promenade an der äußeren Stadtmauer bietet tolle Blicke auf prächtige Blumengärten à la française. Links des Gefängnistors, *Porte de Prison,* befinden sich gallorömische Mauerreste (4. Jh.), erkennbar an den Backsteinstreifen. Vorbei am dicken Wachturm *Tour du Connétable* führt der Weg an der Marle entlang zu den Waschhäusern aus dem 19. Jh.

■ ESSEN & TRINKEN ■■■■
DAN EWEN
Die Crêperie des Fachwerkhauses (14. Jh.) besticht mit uriger Eichendekoration. Geschnitzte Stühle und Lampen sowie alte Fotos erinnern an die Bretagne von damals. Üppige Crêpes; Reservierung sinnvoll. *3, place du Général de Gaulle | Tel. 02 97 42 44 34 | im Sommer So, sonst So/Mo geschl. |* €

GUERLAIS-CHARTIER
Wetten, dass auch Ihre Selbstdisziplin beim Besuch des „besten Hand-

Eindrucksvoll: Die Stadtmauer von Vannes wird nachts beleuchtet

werkers Frankreichs" und „Speise-eis-Weltmeisters" dahin ist? Köstlichen *macarons*, Schokoladen und Eissorten wie Ingwer-Kirsch oder Himbeer-Rote Bete trotzt keiner. *25, place des Lices | Mo–Sa 10–14 und 15–19, So 10–13 Uhr*

■ EINKAUFEN ■

Rund um die *Place des Lices* ist jeden Mittwoch und Samstag Wochenmarkt *(8–13.30 Uhr)*. Die Markthalle ist darüber hinaus im Sommer täglich, sonst dienstags bis sonntags von 8.30 bis 13.30 Uhr geöffnet, freitags

Beliebt bei Einheimischen und Touristen: Markt in Auray

RESTAURANT DE ROSCANVEC

Hinter der zwanglosen Fassade verbirgt sich ein wahrer Gourmettempel. Der junge Küchenchef Thierry Seychelles empfängt Sie mit Austern aus der Penerf-Bucht, Seeteufel zu weißen Trüffeln oder Kalbskopf im Buchweizennetz. Probierenswert! Ungewöhnlich für diese Klasse: Mitnahmeservice und moderate Preise. *17, rue des Halles | Tel. 02 97 47 15 96 | Mitte Juli–Aug. Mo, sonst So/Mo geschl. | €€–€€€*

auch am Nachmittag von 16 bis 19.30 Uhr.

■ ÜBERNACHTEN ■

VILLA KERASY

Die Bahnhofslage des Viersternehotels erstaunt; das originelle Konzept und die Qualität der Zimmer machen es jedoch zu einer der Topadressen der Stadt. Die Einrichtung der zwölf Zimmer repräsentiert je eine Reiseetappe der Handelsroute der *Compagnies des Indes* von Lorient nach

Fernost. Zimmer der Luxuskategorie liegen am japanischen Hotelgarten, die der Kategorie *Élégance* zur Straße. *20, avenue Favrel et Lincy | Tel. 02 97 68 36 83 | www.villakera sy.com | €€€*

■ AM ABEND ■

Insider Tipp

CORLAZO
Echte Seebären treffen sich hier, am Anleger von *Conleau* 5 km südlich von Vannes. Die Inneneinrichtung wirkt wie bunter Wirrwarr im Bauch eines alten Dreimasters. Am Tresen, der früheren Barke „LS Arthur", erzählt man sich haarsträubendes Seemannsgarn. *Tgl. 9.30–20, im Sommer bis 21 Uhr*

■ AUSKUNFT ■

OFFICE DE TOURISME
1, rue Thiers | Tel. 08 25 13 56 10 | www.tourisme-vannes.com

■ ZIELE IN DER UMGEBUNG ■

AURAY   [124 A3]
Die Stadt (11 000 Ew.) 18 km westlich von Vannes hat ein charmantes, im Sommer sehr belebtes Hafenviertel, St-Goustan. Hier legte im Dezember 1776 ein Dreimaster an, der einen der Gründerväter der USA zu Vertragsverhandlungen nach Frankreich brachte: Benjamin Franklin. Er wohnte im Kaihaus Nummer acht. Zwischen den alten Hafenhäusern reiht sich eine Crêperie an die andere. Im *Franklin (21, place St-Sauveur | Tel. 02 97 56 65 56 | kein Ruhetag | €)* sollten Sie die zum Vulkan aufgetürmte Crêpe mit heißer Schokolade und Eis probieren.

1796 wurden auf dem Champ des Martyrs viele der 10 000 Royalisten per Standgericht exekutiert, die bei Landemanövern auf der Halbinsel von Quiberon von Revoluzzern General Hoches ertappt wurden. Ihr Anführer, Bauernsohn Cadoudal, ist im kuppelüberwölbten Mausoleum des Weilers *Kerléano* bestattet.

ÎLE DE GAVRINIS   [124 B4]
Ein Fährmann bringt Sie von *Larmor-Baden (Cale de Pen Lannic | Tel. 02 97 57 19 38 | www.gavrinis. info | Ostern bis Allerheiligen | Besichtigung inkl. Fähre 12 Euro)*, 15 km südwestlich von Vannes, zur Insel Gavrinis im Golf. Der um 3700 v. Chr. darauf errichtete *Cairn* (Grabhügel) ist mit 50 m Durchmesser und 6 m Höhe eine Perle der Megalithkunst. Ein langer Gang mündet in einer großen Kammer. „Wappen", Hörner, Krummstäbe, Schlangen- und Zickzacklinien, Pfeil und Bogen sowie Pflugbeile wurden mit Quarzsteinen in 23 Tragsteine eingraviert. Reservieren Sie die Besichtigung; die Abfahrtszeiten variieren.

Insider Tipp

GOLFE DU MORBIHAN ★   [124 B4]
Auf dem tiefblauen Binnenmeer (35 km lang, 25 km breit) tummeln sich im Sommer Myriaden bunter Segel. Sie können den Golf mit einem der Ausflugsboote ab Vannes (Parc du Golfe) oder Locmariaquer befahren, Anbieter sind z. B. *Navix (Tel. 08 25 13 21 00 | www.navix.fr)* oder *Compagnie des Îles (Tel. 08 25 13 41 00 | www.compagniedes iles.com)*; Kosten je nach Route, mit oder ohne Inselaufenthalt, *15–30 Euro*. Nur zwei der 42 Inseln sind nicht in Privathand. Die eine ist die ruhige *Île d'Arz* (260 Ew., 3,3 km²) mit den schönen Stränden *Brouel* und

Rudevent. Nach dem Bad geht es zu leckeren *moules-frites* auf die Meeresterrasse des *Escale d'En Arz (Le Béluré | Tel. 02 97 44 32 15 | kein Ruhetag | €–€€).* Die andere ist die *Île aux Moines* (650 Ew.). Hier legen Kapitäne gern an, um im *Café de Jeannette* einen Café zu nippen; wundern Sie sich also nicht, wenn Ihr Fährboot einen Moment führerlos am Kai dümpelt. Diese größte Insel des Golfs (6 km lang, 3 km breit) mit ihren Kamelien, Palmen, Orangen- und Olivenbäumen können Sie gut per Fahrrad erkunden. Verleiher warten in der Nähe des Anlegers auf Sie *(6 Euro/2 Std. bzw. 11 Euro/Tag).* Hunger stillen Sie mit bodenständigen Menüs im *Les Embruns (Rue du Commerce | Tel. 02 97 26 30 86 | Jan./Feb. und Mi geschl. | €–€€),* das zehn Minuten vom Landungssteg entfernt im Ortskern liegt. Hat die Abendfähre abgelegt, wird es ruhig auf der Insel. Genießen Sie dann den Hafenblick in den behaglichen Dachzimmern des Hotels *San Francisco (8 Zi. | Le Port | Tel. 02 97 26 31 52 | www.le-sanfrancisco.com | €€€).*

Zurück aufs Festland: Bei *Arradon* (8 km südwestlich von Vannes) würde Ihnen ohne das Panoramafenster jedes vorbeidüsende Motorboot Salzwasser auf die leckeren Fischteller des Hotelrestaurants *Les Vénètes* spritzen. Die Zimmer locken mit Meerblick. Wermutstropfen: Das Personal ist mitunter etwas schnippisch *(10 Zi. | Pointe d'Arradon | Tel. 02 97 44 85 85 | www.lesvenetes.com | €€€).* Bei *Baden,* 14 km westlich von Vannes, bietet das Restaurant *Gavrinis* anregende Kreationen wie z. B. Jakobsmuscheln an Roter Bete *(1, rue de l'Île Gavrinis | Tel. 02 97 57 00 82 | www.gavrinis.com | Mitte Juni–Mitte Sept. Di mittags und Sa, sonst auch So abends und Mo geschl. | €€).*

GUÉHENNO **[124 B2]**

Hier, 32 km nördlich von Vannes, steht der einzige Kalvarienberg des Morbihan. Das 1853 restaurierte Monument (1550) mit drei Kreuzstämmen wurde während der Fanzösischen Revolution umgestoßen.

JOSSELIN ★ **[124 C2]**

Das Schloss (ab 11. Jh.) 55 km nordöstlich am Flussufer des Oust fasziniert mit uneinnehmbar hoch aufragenden Mauern. Der gotische Wohntrakt wirkt dagegen mit kunstvoll verzierten Dachgauben verspielt. Eine Balustrade am Dachsims trägt die Losung der Erbauerfamilie: *A plus* (auf mehr; bis bald). Die Rohan, Abkömmlinge bretonischer Könige und einflussreicher Clan im Herzogtum Bretagne, bewohnen das Schloss noch immer. Bei der Besichtigung imponieren die Bibliothek mit 3000 Bänden und der Speisesaal mit dem Reiterbild des Armeeoberbefehlshabers Olivier de Clisson (1336–1407). *Place de la Congrégation | www.chateaujosselin.fr | tgl. April–Mitte Juli und Sept. 14–18, Mitte Juli–Aug. 10–18 Uhr | Eintritt 7,30 Euro*

ROCHEFORT-EN-TERRE **[124 C3]**

Malerisch liegt der Ort (700 Ew.) 35 km östlich von Vannes auf einem Felsen über dem Gueuzon-Fluss. Das mittelalterliche Bild der Granitsteinhäuser (16./17. Jh.) stören weder Stromleitungen noch Werbeplakate.

An vielen Fassaden blühen Margeriten oder Geranien, am Rathausgiebel sogar eine über 100-jährige blasslilafarbene Glyzinie. Die gotische Stiftskirche (12.–16. Jh.) besitzt einen romanischen Glockenturm und steht kurioserweise auf abschüssigem Grund. Der barocke Holzaltar aus dem 17. Jh. trägt nicht etwa eine

schloss bretonischer Herzöge. Im *Schlossmuseum* ist der prächtige Pflasterboden (1330) der herzoglichen Kapelle sehenswert *(tgl. Nov.–Jan. 10–12 und 14–17, Okt. und Feb.–März 10–12 und 14–18, April–Sept. tgl. 10–19 Uhr | www.suscinio.info | Eintritt 7 Euro)*. Im Sommer finden regelmäßig *Spectacles*

Noch heute im Familienbesitz ist das stolze Rohan-Schloss Josselin

Schwarze Madonna: Die Marienstatue ist seit einer missglückten Konservierung geschwärzt.

SARZEAU [124 B4]
Hauptattraktion des Orts (7000 Ew.) 26 km südlich von Vannes ist die von den Sümpfen der Rhuys-Halbinsel und Wassergräben umgebene Burg *Suscinio* (13.–15. Jh.). Sie war beliebte Sommerresidenz und Jagd-

Historiques mit Konzerten und Theater statt. Programme hat das Verkehrsamt *(www.tourisme-sarzeau. com)*. Wenige Minuten vom Strand entfernt liegt die *Auberge de Kerstephany (Route du Roaliguen | Tel. 02 97 41 72 41 | Mitte Juli–Aug. So abends und Mo mittags, sonst Di abends und So geschl. | €€–€€€)*. Spezialität sind Hummer aus eigener Zucht und Wachteln.

> KAPITÄNE, HERZÖGE ODER KALVARIENBERGE

Drei Ausflüge vermitteln die Bretagne aus völlig verschiedenen Blickwinkeln

Die Touren sind auf dem hinteren Umschlag und im Reiseatlas grün markiert

1 RIVERBOAT À LA BRETONNE

Der Canal de Nantes à Brest verbindet die beiden Städte seit 1858 und durchquert auf 80 Prozent seiner Länge diverse Flusstäler (Oust, Blavet, Aulne und andere). Der zwei Tage dauernde Bootstrip auf einem Teilstück des Kanals von Glénac nach Malestroit und zurück ist ein wunderbarer Ausflug in die ruhigen Gewässer der bretonischen Flussschiffer.

Bild: Canal de Nantes à Brest

55 km östlich von Vannes *(S. 88)* liegt, gleich am Kanal, der Ort Glénac (900 Ew.), berühmt für das Château de la Forêt-Neuve, das vom Schwiegersohn des berühmten Korsaren Surcouf 1826 erbaut wurde. Im Flusshafen warten Hausboote auf Sie, die ohne Bootsführerschein gefahren werden dürfen. Alle Boote sind mit Kajüte und Kombüse ausgestattet – mit einem Angelschein (erhältlich im Fischereibedarf und einigen Bars für

AUSFLÜGE & TOUREN

etwa 30 Euro, 15 Tage gültig) dürfen Sie Ihr Diner auch gleich selbst fangen. Nach Instruktion durch den Verleiher geht es los: In Richtung Nordwesten führt die Wasserstraße durch grüne Auen. Sie passieren dabei (kostenlos) fünf teils automatische, teils von Hand bediente Schleusen.

Im 1000-jährigen **Malestroit** vertäuen Sie Ihr Boot und erkunden den Ort zu Fuß. Mittelalterliche Häuser (15. Jh.) tragen teils Holzfachwerk,

teils Granit und herrlich verzierte Dachgauben und Wasserspeier; in den Gärten gedeihen Stockrosen. Besuchen Sie vor der Rückfahrt nach Glénac auch das charmante **Musée de l'Eau**, das die Fauna und Flora der Wasserstraße erklärt *(Schleuse 25 | Mitte Juni–Mitte Sept. tgl. 10–12 und 14–19 Uhr)*. Infos und Tarife erhalten Sie z. B. bei *Nicols* in Cholet *(Route du Puy-St-Bonnet | Tel. 02 41 56 46 56 | www.nicols.com)*.

2 DIREKT INS HERZ

Von Vannes bringt Sie der Tagesausflug (etwa 270 km) ins historische Herz der Bretagne, in die alte Hauptstadt Nantes und deren Vorhafen St-Nazaire. Das einstige Naoned gehört zwar seit 1941 offiziell zur Region Pays de la Loire, aber nicht nur Separatisten und Nostalgiker fühlen sich hier nach wie vor bretonisch. Zählen Sie mal mit, wie oft Ihnen auf Schildern, Hauswänden usw. der Schriftzug *Breizh* (Bretagne auf Bretonisch) oder auf PKW das inoffizielle Nationalitätenkennzeichen BZH begegnet!

Nehmen Sie ab Vannes *(S. 88)* die N 165 nach Nantes. Im *Centre Ville* parken Sie beim Cours St-Pierre, wo Sie schon die gotische Kathedrale St-Pierre-et-St-Paul (15.–19. Jh.) sehen, die mit ihrem 103 m langen und 37 m hohen, erstaunlich hellen Langschiff besticht. Rechts steht das herrliche ==Renaissancegrabmal== (16. Jh.), das Herzogin Anne de Bretagne aus Marmor für ihre Eltern, Herzog Franz II. und Marguerite de Foix, erbauen ließ. Wenige Meter entfernt befindet sich das mächtige *==Château des Ducs de Bretagne.==* Hinter der Zugbrücke sehen Sie den prächtigen Wohnbau, Geburtshaus Annes, deren Herz in einer Urne im Saal 2 (von 32!) des im Schloss untergebrachten Musée d'Histoire de Nantes *(Juli/Aug. tgl. 9.30–19, Sept.–Juni Mi–Mo 10–18 Uhr | Eintritt 5 Euro, Audioguide 3 Euro)* zu sehen ist. Dieses zeigt auch die weniger rühmliche Stadtgeschichte als Frankreichs Sklavenhafen Nummer eins (18. Jh.).

Verlassen Sie Nantes nordwestlich, Ziel St-Nazaire. Der Vorhafen von Nantes wurde ab 1856 an der Mündung der Loire errichtet und bald Station für die Transatlantiklinie nach Mexiko, die Antillen und Panama. Werften bauen hier heute die weltgrößten Kreuzfahrtschiffe; u. a. lief hier die „Queen Mary 2" vom Stapel. Bei zweistündigen Hafenrundfahrten verfolgen Sie den Bau solcher Monstren *(Busrundfahrten ab U-Boot-Basis | Eintritt April–Sept. 12 Euro, sonst 10,90 Euro).*

Über die N 171/N 165 geht es schließlich auf den Heimweg.

3 PASSION IN GRANIT

Typische Architekturform des Finistère sind die umfriedeten Pfarrhöfe, die *enclos paroissiaux*. Sie sind Ausdruck der Frömmigkeit der Bretonen und bestehen meist aus der Kirche, dem Triumphbogen, durch den Tote zum Friedhof gebracht wurden, dem Beinhaus für aus Platzmangel exhumierte Leichen, dem Kalvarienberg und der Umfassungsmauer. Da der Bau der Pfarrhöfe Unsummen verschlang, spiegeln sie zugleich den materiellen Reichtum der jeweiligen Orte wider. Ab Morlaix führt diese Rundfahrt über etwa 100 km zu den schönsten Beispielen dieser ungewöhnlichen Kirchenbaukunst.

Fahren Sie ab Morlaix *(S. 53)* auf der N 12 Richtung Brest bis zur Ausfahrt St-Thégonnec *(S. 56)*, um als Einstieg das dortige Ensemble mit dem jüngsten bretonischen Kalvarienberg (1610) zu besuchen.

8 km südwestlich befindet sich Guimiliau *(S. 56)* mit einem überaus prachtvollen *calvaire*. Über die D 111 erreichen Sie darauf Lampaul-Guimiliau. Der dortige Kalvarienberg

ist schlichter. Das Innere der Kirche (16. Jh.), deren Turmspitze 1809 vom Blitz getroffen wurde, ist jedoch sehr interessant: Im Chor stehen ein herrlicher Passionsaltar und eine aus einem Stück Holz geschnitzte Pietà (16. Jh.). Quer über dem Langschiff hängt ein reich verzierter Triumphbalken.

Weiter geht es nun über die D 11, D 30 und D 712 nach **La Roche-Maurice**. Der Ort wird malerisch von einer Burgruine (13. Jh.) überragt. Sehenswert ist in der Kirche der Triumphbalken (16. Jh.) aus bemaltem Eichenholz, auf dessen vom Chor abgewandter Seite die zwölf Apostel in naiver Darstellung zu sehen sind. Das bunt dekorierte Tonnengewölbe trägt *poutres engoulées,* von Dämonenmäulern gehaltene Holzdachbalken.

Die Kirche des Pfarrhofs von **La Martyre** besitzt noch in einem der beiden Eingangsportale originäre Apostelfiguren, die in der Bretagne oft während der Revolution zerstört wurden. Das kuriose Taufbecken ziert der Sensenmann, *ankou.* Die mit dorischen Säulen und griechischem Giebeldreieck geschmückte Beinhausfassade im Pfarrhof von **Ploudiry** (über D 35) zeigt einen mit einem makabren Totentanz verzierten Fries. In der Kirche von **Commana**, der letzten Etappe der Rundfahrt, beeindruckt der überaus reich verzierte Annenaltar (17. Jh.).

Über die D 11 und die D 18 gelangen Sie schließlich zurück an den Anfangspunkt Morlaix, das zugleich die Ostgrenze des Verbreitungsgebiets der großen umfriedeten Pfarrbezirke des Finistère bildet.

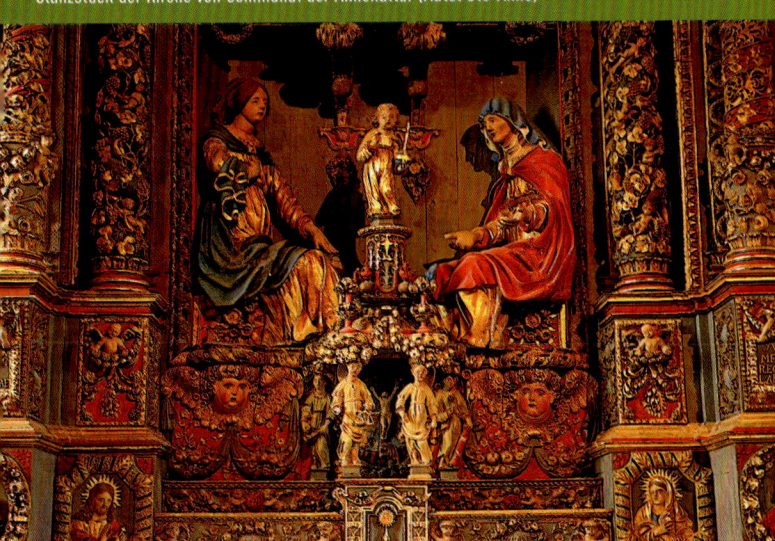

Glanzstück der Kirche von Commana: der Annenaltar (Autel Ste-Anne)

EIN TAG IN SAINT-MALO UND UMGEBUNG

Gehen Sie auf Action-Tour mit unserem Szene-Scout

AUFWACHEN!

7:30

Auf zum Strandlauf! Nach den ersten Schritten an der frischen Luft ist man ganz schnell wach. Tief durchatmen, den grandiosen Sonnenaufgang genießen und sich mit den anderen Joggern ein Rennen liefern! **WO?** *Plage du Sillon*

8:30

PETIT DÉJEUNER GANZ GROSS

Ungebremst zum luxuriösen Frühstück ins *Le Petit Malouin* spurten. Im klassisch-französischen Ambiente warten frische Baguettes, Croissants, *pains au chocolat,* Orangensaft, Kaffee und exotische Fruchtsalate. Lecker! **WO?** *6, rue de la Vieille Boucherie | tgl. bis 11.30 Uhr | Tel. 02 99 40 87 44 | www. lepetitmalouin.com*

SIGHTSEEING DE LUXE

10:00

St-Malo auf eigene Faust entdecken! Mit Audioguide auf den Ohren gehts rund um die Altstadt zu den Sehenswürdigkeiten – natürlich im individuellen Tempo. Je nach Interesse kann man verweilen oder auf den Forward-Button drücken, dann geht es weiter! Wer noch schneller sein will, macht die Tour per Mietbike. **WO?** *Audio Guide Tour: 3, rue St-Vincent | Kosten: 5 Euro/Tour (ca. 1 Std.) | Feb.–Nov. ab 10 Uhr | Tel. 02 99 40 28 89 | www.audio-guided-tour-saint-malo.com | Radverleih: Espace Nicole, 11, rue Robert Schuman, Paramé/St-Malo | Tel. 02 99 56 11 06 | Kosten: 10 Euro/Tag | www.cyclesnicole.com*

12:00

TYPICAL LUNCH

Snacken wie Gott in der Bretagne! Auf der Terrasse der *Crêperie Margaux* Platz nehmen und sich schon auf typisch bretonische Spezialitäten freuen. Unbedingt die frischen Buchweizen-Galettes und ein Glas gekühlten Cidre probieren. **WO?** *3, place du Marché aux Légumes | www.creperie-margaux.com*

24 h

SCHWEBEND ÜBER DEM MONT-ST- MICHEL

14:00

Ab nach Avranches, rund 70 km von St-Malo entfernt. Der Weg lohnt sich: Mit dem Hängegleiter und Guide Régis Mao gehts über Bucht und Berge bis weit über den Mont-St-Michel. Supercool und ein unvergessliches Erlebnis! **WO?** *ULM St-Malo, Aérodrome du Val St-Père, Avranches | Kosten: 70 Euro/ 20 Minuten | Tel. 06 81 99 24 79 | www.normandie-ulm.com*

17:30

JETZT WIRD GEKUGELT

Zurück nach St-Malo und bei einer Partie Boules an der Stadtmauer entspannen. Kugeln selbst mitbringen oder sich einer der vielen Gruppen anschließen, die mit Boules, dem französischen Nationalsport, ihren Feierabend einläuten. Wer an der Reihe ist, sollte sich konzentrieren, dann hat man den Wurf schnell heraus. **WO?** *An der Stadtmauer von St-Malo*

FISH & MORE

19:30

Hungrig? Dann ab ins *Le Café de Saint-Malo*. Austern oder gegrillter Hummer – alles, was aus dem Meer kommt, ist frisch und ein fulminanter Genuss für den Gaumen. Lecker! **WO?** *4, place Guy Lachambre | www.lecafedesaintmalo.com*

22:00

ROOFTOP LOUNGING

Sterne schauen mit Stil: Auf der Dachterrasse *Le Kiwi* im Nachtclub *L'Escalier* Chillout mit Aussicht zelebrieren und bei coolem Hintergrundsound loungen. Wem das zu luftig ist, der geht ein Stockwerk tiefer und feiert im *Le Studio*. **WO?** *La Buzardière, St-Malo | Juni–Sept. | www.escalier.fr*

> JEDEM DAS SEINE

Die Bretagne hat ein enormes Sportangebot zu Wasser,
in der Luft und an Land

> Wind und Wasser sind in der Bretagne ganzjährig allgegenwärtig: ideal, um Surfbrett, Segelschuhe oder Tauchanzug einzupacken. Sie haben nichts dergleichen? Leihen Sie das Equipment preiswert vor Ort! Aber auch Landratten werden sich kaum langweilen, wenn sie Golfschläger schwingen oder in die Pedale treten.

ANGELN

Meeresangeln bedarf keiner Erlaubnis, doch gelten für Fisch und Meeresfrüchte Mindestgrößen. Den Fang dürfen Sie nicht verkaufen! Infos im *Guide Horaire des Marées,* in jeder Seefahrerkooperative kostenlos zu erhalten. Für das Angeln in Seen oder Flüssen ist ein lokaler Angelschein erforderlich. Auskunft erteilen die jeweiligen Rathäuser.

GOLF

Die Bretagne verfügt über 35 Plätze, viele davon an der Küste. Toll sind

Bild: Île de Houat

SPORT & AKTIVITÄTEN

der *Blue Green (Rue de la Plage des Vallées, Pléneuf Val-André | Tel. 02 96 63 01 12)* oder der von Tom Dunn entworfene *Golf Dinard (Boulevard de la Houle | St-Briac | Tel. 02 99 88 32 07)*. Ein Geheimtipp: der Inselgolfclub *Belle-Île* mit dem auf dem Meer liegenden Loch Nr. 2 *(Pointe des Poulains, Sauzon | Tel. 02 97 31 64 65)*. Die Broschüre *Golf en Bretagne* des Regionalverkehrsamts listet alle Plätze auf.

GOUREN

Das Ziel beim uralten bretonischen Ringkampf, *gouren,* ist, den Gegner auf die Schultern zu werfen, wobei nur am Hemd, *roched,* gepackt werden darf. Die Beine dürfen die des Gegners umschlingen, aber dieser darf weder verbal noch durch Schläge oder Würgegriffe attackiert werden. Auf Bretonisch schwören die Rivalen vorab ehrenhaft faires Kämpfen. Kurse und Turniere, auch für Urlauber, finden auf großen Festivals (z. B. Lorient, Carhaix) statt, Infos dazu in der Tagespresse und auf *www.gouren.com.*

▮ KANU & KAJAK ▮

Umweltschonend und gefahrlos nähern Sie sich der Küste per Kajak. Viele Wassersportclubs verleihen Boote, auch für Familien, und das nötige Zubehör (Schwimmweste, Paddel etc.). Ein toller Spot ist der Golf von Morbihan, wo *Kerners Kajak* auch Kurse anbietet *(Pointe de Kerners, Arzon Tel. 06 80 32 34 93 | drei halbe Tage 85 Euro)*. Komplette Verleiherliste beim Dachverband *(www.crck.org/bretagne)*

▮ KITESURFING ▮

Beim Drachensegelsurfen machen Asse enorme Luftsprünge; das sieht toll aus, ist aber nicht ungefährlich. Für Kurse benötigen Sie daher ein ärztliches Unbedenklichkeitsattest und die Mitgliedschaft im französischen Dachverband, der die Spezialhaftpflicht stellt. Kurse bietet z. B. *Kite sans Frontière* in *Ploudaniel* an *(28, rue de Kerfelgar | Tel. 06 63 44 44 31 | www.kitesurf-bretagne.com)*. Auch am Profi-Spot, der *Pointe de la Torche,* sind Kurse im

 Insider Tipp

Programm: *Twenty-Nine Surf Co, Plomeur | Tel. 02 98 58 53 80.*

▮ PARAGLIDING ▮

Der höchste „Berg" der Bretagne misst kaum 400 m – dennoch können Sie sich toll am Drachensegel in die Lüfte schwingen, z. B. am *Ménez-Hom* bei Quimper. Infos über Kurse, Tarife und Termine: *Ligue de Bretagne de Vol Libre* in *Plomodiern, Er-*

wan (Tel. 06 50 79 91 42) oder *Loïc (Tel. 06 70 37 44 13)*

▮ RADFAHREN ▮

Radwanderkarten der Verkehrsämter zeigen die jeweils schönsten Strecken. Das *Pays du Ménez-Hom-Atlantique* in Crozon plante z. B. die *Route Tro Bro Kornog,* die auf 25 km u. a. zu den Steilkaps der Halbinsel von Crozon führt (zum Herunterladen auf *www.menez-hom.com)*. Der fanzösische Radwanderverband bietet auf *ffct.org* eine Verleiher- und Tourenübersicht. Eine farbige Faltkarte mit Wegen, Unterkünften und Leihstationen versendet das Regionalverkehrsamt *(CRT | 1, rue Raoul Ponchon | 35000 Rennes)*.

▮ REITEN ▮

Ob auf Waldwegen oder Sandstränden – die Bretagne reitend zu entdecken, ist ein unvergessliches Erlebnis. Auf *www.equibreizh.com* gibts Infos zu Wegen, Touren, Reitzentren und Reitschulen der Region. Der Verein unterhält etwa 2000 km markierte Reitwege, an denen im Schnitt alle 25 bis 30 km Quartiere für Pferd und Reiter bereitstehen.

▮ SEGELN & WINDSURFEN ▮

Die prächtige Küste der windreichen Bretagne ist *das* Seglerparadies. Besonders interessante Reviere sind der Golfe du Morbihan und die Küstengewässer des Finistère; auch die Inseln locken mit schönen Häfen und der nötigen Infrastruktur.

In allen Badeorten gibt es Wassersportzentren, die (Kite-)Surfbretter, Segler oder Katamarane verleihen. Infos über Leihmöglichkeiten und

SPORT & AKTIVITÄTEN

Tarife erhalten Sie bei der *Ligue Bretagne de Voile* in *Brest (1, rue de Kerbriant | Tel. 02 98 02 49 67 | www.voile-bretagne.com)* oder bei *Point Passion Plage (www.point plage.fr)*. Reisen Sie mit dem eigenen Boot an, finden Sie auf *www. nautisme.com* alles über bretonische Häfen (Lage, Besucherplätze, Hafenbüro, Infrastruktur). Wenn Sie sich lieber „segeln lassen", machen Sie als Passagier einen Törn auf der „**Sainte Jeanne**", der Replik einer Sloop von 1912, mit. Es ist schon ein packendes Erlebnis, wenn das Boot mit 200 m² gesetzter Segelfläche vor der Steilküste Fahrt aufnimmt *(Maison de la Mer | Erquy | Tel. 02 96 72 39 27 | www.saintejeanne. com | halber Tag 23 Euro, Tag 46 Euro)*. Von *Paimpol* aus können Sie auf dem restaurierten Sardinenfänger „Eulalie" die Bucht befahren *(Tel. 02 96 55 99 99 | www.eulalie-paim pol.com | Tagestarif Juli/Aug. 42 Euro, sonst 39 Euro)*.

Insider Tipp

◼ TAUCHEN ◼

Schaltiere, Fische und Meeressäuger sowie eine Vielzahl an Wracks aller Art verzücken vor allem Sporttaucher. Die Tauchbasis *Acqua Sub* in Perros-Guirec *(Keroullou | Tel. Rébecca oder Johann 02 96 91 67 20)* bietet Taufen *(45 Euro)*, Wracktauchen und Kurse *(Niveau-1-Kurs fürs Tauchen bis 20 m Tiefe: 300 Euro inkl. sechs Tauchgänge, Theorie- und Spezialschwimmkurs)*. Eine Liste weiterer Basen finden Sie auf *nautis mebretagne.fr*.

◼ WANDERN ◼

Etwa 10 000 km Wanderwege wollen entdeckt werden. Dabei sind neben Küstenpfaden auch die an ruhigen Flüssen und Kanälen im Hinterland empfehlenswert. Aktuelles wie Karten, Unterkunfts- und Streckenvorschläge sowie empfohlene Topoguides mit entsprechenden Bezugsadressen finden Sie auf *www.rando breizh.org*.

Die Wege sind holprig, aber die Aussicht entschädigt dafür

> ZWISCHEN ALGEN, HAIEN UND MENHIREN

Mehr Meer für Ihre Kinder

> **Die Bretagne nannte sich einst** *Armorika* **– Land am Meer. Was liegt also näher, als im Familienurlaub den maritimen Aspekt in den Mittelpunkt zu stellen? Natürlich können sich Kinder an bretonischen Stränden auch toll in der Sonne vergnügen, aber die Gegend hat mehr zu bieten.**

ILLE-ET-VILAINE

CHÂTEAU DE LA BOURBANSAIS [123 E4]
Ein echter Graf lässt sich ins Wohnzimmer schauen! Führungen erklären, warum die Comtes de Lorgeril chinesisches und deutsches Porzellan dem französischen vorzogen oder warum Zofen sich freuten, wenn sie Kerzen ausmachen durften. Im Park zeigen die 50-köpfige Jagdhundemeute und der Falkner, was sie können. Im naturnahen Schlosszoo warten 500 Tiere auf neugierige Augen, z. B. Flamingos, Giraffen, Wölfe, Tiger und lustige Erdmännchen. *Schlossführung April–Sept. tgl.*

Bild: Schiffsmuseum in Douarnenez

MIT KINDERN UNTERWEGS

11.15, 15, 16 und 17, Okt.–März So 15.30 und 16.30 Uhr | Erwachsene 15,50 Euro, Kinder 11,50 Euro, Aufschlag Schlossführung 5 Euro bzw. 3 Euro | *www.labourbansais.com*

FINISTÈRE

HALIOTIKA [120 C6]

Von der Aussichtsterrasse am Hafenbecken in *Le Guilvinec* lässt sich toll das Treiben der heimkehrenden Fischer verfolgen. Kräne heben offene Kisten mit gut sichtbarem, vorsortiertem Fisch aus dem Schiffsbauch auf den Kai. Ob auch diesmal wieder Haie, Rochen, Seeteufel und Kraken dabei sind? Verbinden Sie das kostenlose Spektakel mit dem Besuch von Haliotika: Hier nehmen Nachwuchskapitäne auf der nachgestellten Kutterbrücke das Ruder in die Hand. Gegen 16 Uhr beginnt die Fischauktion! *(April–Sept. Erwachsene 5,50 Euro ohne bzw. 7 Euro inkl. Verstei-*

gerung, Kinder 3,50 bzw. 4,50 Euro).
Wollen die Kinder selbst aufs Schiff,
schenken Sie ihnen (und sich) den
Ganztagstrip auf einem Trawler
*(Mindestalter 13 Jahre | Mai–Okt.
Mo–Fr je nach Witterung | Reservie-
rung 48 Stunden im Voraus, Tel.
02 98 58 28 38 | 40 Euro/Pers.).*

ACK PLOUHINEC [120 B5]

In Küstenzonen und auf Gezeiten-
flüssen bieten Kanu- und Kajakfahr-
ten einen Hauch von Abenteuer. Der
Umgang mit den schlanken Booten
ist schnell gelernt und eher unge-
fährlich: Gezeitenplan studieren,
Schwimmweste überstreifen, Kajak
an die Wasserkante tragen, und schon
geht es los. Einzige Bedingung: Alle
Passagiere sind Schwimmer. Schnell
zur Ruhe kommen kleine Powerpa-
kete, wenn Sie sie mal gegen die
Meeresströmung paddeln lassen. Ka-
nus und Kajaks können Sie in den
Centres Nautiques ausleihen, zum
Beispiel bei *ACK* in *Plouhinec (Anse
de Poulgoazec | Reservierung Tel.
02 98 74 90 35 | Halbtagsausleihe
Einer 16 Euro, Doppelsitzer 23 Euro,
Viererkanu 25 Euro).*

LE PORT-MUSÉE DU PORT-RHU [120 C4]

Im Bootsmuseum von Douarnenez
geht es um Schiffbau und -restaurie-
rung und das Leben an Bord. Nach-
dem sich die kleinen Matrosen
Frankreichs größte Bootssammlung
angesehen haben, können sie im Mu-
seumshafen selbst Kapitän spielen.
Hier sind Boote vertäut, die darauf
warten, von Mast bis Bauch entdeckt
zu werden. Wo schläft denn hier die
Besatzung? Wie kommuniziert der
Kapitän mit den Heizern? Und was

bitte schön ist ein Leuchtturmschiff?
*Place de l'Enfer | Mitte Juni–Mitte
Sept. tgl. 10–19 Uhr, sonstige Zeiten
s. www.port-musee.org | Eintritt Mu-
seum plus Hafen Erwachsene 6,20
Euro, Kinder 3,80 Euro, Familie
17 Euro*

GROTTES DE MORGAT [120 B4]

Das ideale Piratenversteck: die Grot-
ten von Morgat. Das Ausflugsboot
fährt vom Quai Kador in Crozon-
Morgat durch die Bucht von Douarnenez in die 80 m tiefe und bis zu
15 m hohe *Grotte de l'Autel*, die Al-
targrotte. *Abfahrtszeiten laut Aus-
hang oder auf www.grottes-morgat.
com | Erwachsene 10 Euro, Kinder 7
Euro*

MUSÉE DU LOUP [121 D2]

Der Schütze, der 1885 den letzten
Wolf der Bretagne schoss, stammte
aus *Le Cloître-St-Thégonnec*. Ausgerechnet in diesem Ort befindet sich
heute das Wolfsmuseum. Die kleine
Schau erzählt vom Höhlenwolf, beleuchtet das Bild des Wolfs in Sagen
und Legenden und auch dessen wis-
senschaftliche Bedeutung. Ängstli-
che und kleine Kinder sollten Sie zu
Beginn auf den Arm nehmen, denn
im ersten, stockfinsteren Raum
dringt schauriges Geheul aus verbor-
genen Lautsprechern, und glühende
Augen beobachten die Besucher. Zeigen Sie Ihren Kindern nach dem Mu-
seumsbesuch echte Wölfe im nahen
*Parc du Menez Meur (Infos auf www.
museeduloup.fr). 1, rue du Calvaire |
Juli/Aug. tgl., Mitte März–Juni und
Sept.–Mitte Dez. nur So 14–18 Uhr |
Erwachsene 3,50 Euro, Kinder 2,50
Euro*

■ CÔTES D'ARMOR ■

JAMAN IV   [123 D4]

Wenn Sie das Meer nicht lieben, Ihre Kinder aber unbedingt einmal mit dem Boot fahren wollen, drehen Sie eine ruhige Runde auf der Rance! Ab Dinan startet das schöne, vollverglaste Holzboot zu einer einstündigen Fahrt längs des alten Treidelpfads. Dabei passieren Sie auch eine Schleuse. *Rue du Port | Abfahrten s. Aushang | Erwachsene 9 Euro, Kinder 7 Euro | www.vedettejamaniv.com*

■ MORBIHAN ■

POUL-FETAN   [124 A2]

Über das Dorfleben im 16. Jh. kann man viel erzählen – für Kinder ist das kaum greifbar. In diesem Museumsdorf bei *Quistinic* jedoch, dessen Reetdachhäuser bis 1970 bewohnt waren, heißt Geschichte Anfassen und Mitmachen. Hier können Ihre Kinder selbst eine Kuh melken und beim Butterschlagen, Wollespinnen und Färben zusehen. *Tgl. April–Juni und Sept. 14–18.30, Juli/Aug. 13–19 Uhr | Erwachsene 7 Euro, Kinder 3 Euro*

PARC DE BRANFÉRÉ   [124 C4]

Der große Park ist eine riesige grüne Oase: Der botanische Garten erstaunt mit schönen Chile-Araukarien, einer orientalischen Trauerplatane und dem riesigen Mammutbaum. Attraktiver für Kinder ist der Zoo, in dem sich Wallabys, Präriehunde, Mähnenwölfe, mächtige Watussis, Tapire usw. tummeln. *Le Guerno | tgl. Juli/Aug. 10–18, April–Juni und Sept. 10–17, sonst 13.30–16 Uhr | Erwachsene 12,50 Euro, Kinder 8,50 Euro | www.branfere.com*

Auch Katamaransegeln können Kinder in der Bretagne lernen

> VON ANREISE BIS ZOLL

Urlaub von Anfang bis Ende: die wichtigsten Adressen und Informationen für Ihre Bretagnereise

ANREISE

AUTO

Am schnellsten fahren Deutsche, Österreicher und Schweizer via Paris in die Bretagne (A 11/A 81 Paris–Rennes 345 km.). Die Autobahnmaut Paris–Rennes (etwa 28 Euro) sparen Sie, wenn Sie ab Paris *(Périphérique, Porte d'Auteuil)* die N 13/N 12 über Dreux, Alençon und Fougères nehmen. Für Anreisende aus dem Süden lohnt sich ein entspannter Abstecher über Burgund und das Tal der Loire. Hier finden Sie erste Spuren der Bretagne, die einst bis vor die Tore von Angers reichte. Ab Rennes führen Schnellstraßen nach Brest, Lorient, Quimper und Vannes.

BAHN

Alle Wege führen über Paris, wo Sie umsteigen müssen. Von Köln fährt z. B. der Thalys in etwa vier Stunden zur Gare du Nord in der französischen Hauptstadt. Von dort geht alle paar Minuten die Metrolinie 4 *(www.ratp.fr | Tickets an Schaltern | 1,70 Euro pro Fahrt)* zur Gare Montparnasse, wo die Züge in die Bretagne abfahren. Taxi und Bus sollten Sie meiden, da das Pariser Verkehrschaos ein flottes Vorwärtskommen meist verhindert. Der TGV (Train à Grande Vitesse) fährt u. a. Vannes, Lorient, Quimper, St-Brieuc und Brest direkt an. Nach Quimper z. B. braucht er etwa 4,5 Stunden.

PRAKTISCHE HINWEISE

FLUGZEUG

Auch hier gilt: Umsteigen in Paris. Dorthin fliegt z. B. TUIfly (Hannover, Stuttgart) oder AirBerlin (alle deutschen Großflughäfen). Von Paris (Roissy-Charles de Gaulle) wird Brest dreimal täglich angeflogen. Auch Rennes, Quimper, Lorient und Dinard/St-Malo sind tägliche Ziele.

■ AUSKUNFT

MAISON DE LA FRANCE – FRANZÖSISCHES FREMDENVERKEHRSAMT

Zeppelinallee 37 | 60325 Frankfurt/Main | Tel. 0900/157 00 25 | Fax 159 90 61 | http://de.franceguide.com; Lugeck 1-2/Stg. 1/Top 7 | 1010 Wien | Tel. 0900/25 00 15 | Fax 01/ 503 28 72 | http://at.franceguide.com; Rennweg 42 | 8021 Zürich | Tel. 044/217 46 00 | Fax 217 46 17 | http://ch-de.franceguide.com

■ AUTO

Das gut ausgebaute Netz bretonischer Schnellstraßen ist mautfrei. Autobahnen im übrigen Land sind mautpflichtig (z. B. Valenciennes–Paris 13,30 Euro). Halten Sie sich an die Höchstgeschwindigkeit: Die Polizei kontrolliert auch mit mobilen Blitzern, die Geldbußen sind hoch. Auf Autobahnen gelten 130 (bei Regen 110), auf National-/Landstraßen 90 (bei Regen 80), auf vierspurigen Strecken 110 und in Ortschaften 50 km/h. Drogenkonsum vor und während der Fahrt ist natürlich streng verboten, die Promillegrenze liegt bei 0,5. Insassen haben auf allen Plätzen Anschnallpflicht. Die französische ADAC-Notrufstelle ist erreichbar unter *Tel. 08 25 80 08 22.* Hebt keiner ab, wählen Sie *Tel. 00 49 89 22 22 22.*

■ BANKEN & GELD

Banken sind meist dienstags bis freitags von 9 bis 12 und 14 bis 16.30 Uhr, samstags von 9 bis 12 Uhr, in Städten mitunter länger offen. Mit EC- und Kreditkarte heben Sie an Geldautomaten rund um die Uhr Bares ab. Achtung: EC-Karten werden selten an Kassen akzeptiert; auch an Tankstellen lohnt vorheriges Fragen!

■ CAMPING

Campingplätze entsprechen internationalem Standard. Neben einfachen und kostengünstigen buhlen auch komfortabelste Plätze um die Gunst der Wohnmobil- und Wohnwagenfreunde. Vereinzelt stellen Landgemeinden gegen geringe Gebühren Stellplätze mit Wasser- und/oder Stromanschluss zur Verfügung. Das regionale Fremdenverkehrsamt bietet auf *www.tourismebretagne.com* die Möglichkeit zum Download einer umfassenden Adressliste, auf der auch Ausstattungen und Preise mehrsprachig beschrieben sind. Sie können sie auch bestellen *(Comité Régional de Tourisme de Bretagne | 74 b, rue de Paris | 35069 Rennes).*

DIPLOMATISCHE VERTRETUNGEN

DEUTSCHE BOTSCHAFT

13–15, avenue Franklin-D.-Roose-velt | 75008 Paris | Tel. 01 53 83 45 00 | Fax 01 43 59 74 18 | www.amb-allemagne.fr

ÖSTERREICHISCHE BOTSCHAFT

6, rue Fabert | 75007 Paris | Tel. 01 40 63 30 63 | Fax 01 45 55 63 65 | www.amb-autriche.fr

SCHWEIZER BOTSCHAFT

142, rue de Grenelle | 75007 Paris | Tel. 01 49 55 67 00 | Fax 01 49 55 67 67 | www.eda.admin.ch/paris

FÄHREN

Zu den meisten Inseln fahren ganzjährig Fähren, im Juli und August oft mehrmals am Tag. Die Hin- und Rückfahrt nach Ouessant oder Sein kostet 29,90 Euro, nach Belle Île 25 Euro. Dorthin können Sie ab Quiberon auch Ihren PKW mitnehmen. Die Fährgesellschaften bieten Sondertarife außerhalb des Sommers an.

GESUNDHEIT

Ob privat oder gesetzlich versichert, Arzt und Apotheke müssen Sie bar auslegen (praktischer Arzt ab 23 Euro, Spezialist oft ab 40 Euro). Behandlungs- und Transportkosten werden in der Regel von Ihrer Krankenkasse erstattet. Nicht alle Krankenhäuser nehmen das E-111-Formular an. Eine Apotheke *(pharmacie)* erkennen Sie am grünen Kreuz.

GEZEITEN

Nirgendwo sonst in Europa sind die Gezeitenkräfte so stark wie hier. Der Unterschied der Landschaft bei Ebbe und Flut ist frappierend, vor allem rund um die Tagundnachtgleichen (März und September). Ein Koeffizientensystem gibt die Wasserstandsdifferenz bei Ebbe und Flut an. Bei Werten ab 100 (max. 120) ist sie beträchtlich, bei unter 50 (min. 20) entsprechend niedrig. Die kostenlosen Gezeitenpläne der *Coopérative Maritime (www.comptoirdelamer.net)* listen für viele Häfen die täglichen Wasserstände auf. Der extreme Tidenhub beträgt am Mt-St-Michel bis zu 15 m; das Meer zieht sich dort bei Ebbe bis 15 km weit zurück. Meiden Sie unnötige Gefahren: Informieren Sie sich gerade vor dem Baden an Felsküsten über die Gezeiten!

INTERNET

Die Website *http://de.franceguide.com* des französischen Fremdenverkehrsamts bietet Generelles über Reiseziele in Frankreich und darüber hinaus Linksammlungen zu Reiseveranstaltern, Festivals usw. Das Regionalverkehrsamt hält auf *www.bretagne-reisen.de* konkrete Infos zur Bretagne bereit, die Sie teils auch als Broschüren bekommen. Über „Dokumentation und Informationen" kommen Sie direkt zu den Departement-Verkehrsämtern. Eine Fundgrube an (französischsprachigen) Infos über die Bretagne ist *fr.wikipedia.org/wiki/Portail:Bretagne*.

Ein kulturorientiertes Onlinemagazin ist *www.breizh.de; www.journeesdupatrimoine.culture.fr* gibt Infos und Programme der jährlich stattfindenden Tage des Kulturerbes, bei denen diverse, teils auch sonst nicht für die Öffentlichkeit zugängliche

PRAKTISCHE HINWEISE

Museen und Einrichtungen kostenlos besucht werden können; *www.bretagne-musees.culture.fr* listet Museen der Region auf, *www.theb.com.fr* Theaterprogramme auch kleiner Häuser. Hilfreich, falls Sie nicht mit dem Auto anreisen: Auf *www.viaoo29.fr* verschaffen Sie sich einen Überblick über öffentliche Verkehrsmittel im Finistère.

Als Skipper werden Sie *www.nautisme.com* mit Infos über die Häfen der Bretagne schätzen. Recht zuverlässige Wetter- und Seewetterprognosen gibt *www.meteofrance.com*. Die Rubrik *Mer* hält sogar Strand- und Surfwettervorhersagen bereit. Eine riesige Linkliste diverser Wassersportmöglichkeiten finden Sie auf der interaktiven Karte von *nautisme-bretagne.fr*. Kajakzentren sind auf *www.kayakmer.com* notiert. Meeresforscher und die, die es werden wollen, interessiert die Website des staatlichen französischen Meeresforschungsinstituts *www.ifremer.fr*.

Den Aufenthalt in Badeorten hilft *www.stations-bretagne.com* mit Infos über dortige Unterkünfte, Gastronomie, Freizeitaktivitäten usw. zu planen. Ferienhäuser und -wohnungen finden Sie nicht nur bei örtlichen Verkehrsämtern, sondern auch auf *www.gites-de-france.com;* die Preise sind im Sommer jedoch teils überhöht. Der französische Jugendherbergsverband ist unter *www.fuaj.org* zu erreichen.

INTERNETCAFÉS & WLAN

Das Internet ist in Frankreich weit verbreitet. In vielen Städten bieten Bahnhöfe, Geschäftszentren, die meisten Hotels und Restaurants kostenlose WLAN-Hotspots. Erfragen Sie an der Information oder Rezeption den Zugangscode und surfen gleich los! Apropos: WLAN heißt hier WiFi. Eine Liste französischer und damit auch bretonischer Internetcafés erhalten Sie auf *www.wificafespots.com/wifi/country/France (gewünschten Ort wählen)*.

KLIMA & REISEZEIT

Das bretonische Klima ist ozeanischmild, große Temperatursprünge sind

WAS KOSTET WIE VIEL?

> **KAFFEE** **AB 1,50 EURO** für einen *petit crème*

> **BIER** **AB 2,50 EURO** für ein Gezapftes

> **CIDRE** **AB 2 EURO** für eine Schale

> **BROT** **AB 0,90 EURO** für ein Baguette

> **BADESALZ** **ETWA 15 EURO** für 500 g mit Algenextrakten

> **KLEIDUNG** **AB 40 EURO** für ein *Marinière*

rar. Im Osten ist der Atlantikeinfluss weniger groß, aber auch hier gibt es kaum Frost oder Tropenhitze. Im Winter fällt das Thermometer selten unter 3 Grad, im Sommer klettert es am ehesten im Binnenland mal über 30 Grad. In Brest regnet es im Jahresmittel häufiger (156 Tage) als in Rennes (116 Tage). Sonnenanbeter kommen zwischen Juni und September vor allem ins Morbihan: Die Südküste bietet jährlich weit über 2000 Sonnenstunden, mehr als in manchen südfranzösischen Regionen. Charakteristisch sind West- und Nordweststürme zwischen September und Dezember bzw. Februar und Mai. Dann pilgern Naturfreunde zu den umtosten Landspitzen des Finistère.

KURTAXE

Fast überall in der Bretagne wird vor allem im Sommer eine Kurtaxe erhoben (0,50–2 Euro pro Tag).

NOTRUF

Feuerwehr, Notarzt: *Tel. 18* oder *112* (Europäischer Notruf)
Notdienstapotheke: *Tel. 15*
Polizei/Gendarmerie: *Tel. 17*
In Seenot: *Tel. 16 16* (per Handy)

POST

Standardbriefe (20 g) und Postkarten in die EU und die Schweiz kosten 0,60 Euro, nach Resteuropa 0,77 Euro. Manche Postämter haben mehrere Wurfkästen: *Étranger* (Ausland) oder *Autres Destinations* (andere Ziele) sind für Sie die richtigen.

RAUCHEN

In Frankreich gilt ein generelles Rauchverbot in allen öffentlichen Einrichtungen. Dazu zählen auch die Innenbereiche von Restaurants, Kneipen und Diskotheken! Das ärgert Nikotinjunkies, freut aber Familien und augenempfindliche Menschen.

STROM

Üblich sind 220 Volt. Flachstecker passen überall, Schukostecker bedürfen eines Adapters.

TELEFON & HANDY

Telefonzellen akzeptieren oft nur *Télécartes* (50 oder 120 Einheiten), die

WETTER IN BREST

Jan.	Feb.	März	April	Mai	Juni	Juli	Aug.	Sept.	Okt.	Nov.	Dez.
9	9	12	13	15	18	19	20	18	15	12	9
Tagestemperaturen in ºC											
4	3	5	6	8	11	12	12	11	9	6	4
Nachttemperaturen in ºC											
2	3	5	7	8	7	7	7	5	4	2	2
Sonnenschein Std./Tag											
22	16	15	15	14	13	14	15	16	19	20	20
Niederschlag Tage/Monat											
10	10	10	10	12	14	15	16	15	14	13	11
Wassertemperaturen in ºC											

PRAKTISCHE HINWEISE

Sie bei der Post, in Tankstellen und Tabakläden kaufen können. Zum Telefonieren ins Ausland wählen Sie 00, gefolgt von der Landeskennzahl (Deutschland 49, Österreich 43, Schweiz 41), und dann die Ortsvorwahl ohne 0. Landeskennzahl Frankreichs ist 33.

Wollen Sie unbedingt Ihr Handy nutzen, schalten Sie noch daheim Ihre Mailbox ab! Wenn Sie erreichbar sein müssen oder nur mitunter daheim anrufen, kaufen Sie eine französische Prepaid-Handykarte, zum Beispiel von *Le French Mobile* (www.lefrenchmobile.com) oder *TravelSIM* (new.travelsimshop.com/DE/start). So vermeiden Sie Roaminggebühren für eingehende Anrufe.

Auch in den bretonischen Leclerc-Supermärkten gibt es günstige Prepaidkarten.

■ TRINKGELD

In Taxis und Restaurants sind Trinkgelder gern gesehen, je nach Zufriedenheit mit dem Service und der Höhe der Rechnung sollten Sie 5–10 Prozent draufschlagen. Frankreichs Ober rechnen bei Gruppen meist pro Tisch ab, nicht pro Person; teilen Sie die Rechnung einfach durch die Personenanzahl, dann wirkt das Herumhantieren mit Beträgen nicht kleinlich! Waren Portier und Zimmermädchen in Ihrem Hotel besonders hilfsbereit, geben Sie ebenfalls ein kleines Trinkgeld *(pourboire)*.

Gute Reiseleiter beziehungsweise Stadtführer dürfen sich für inhaltlich und sprachlich gute Leistungen ebenfalls über eine kleine Aufmerksamkeit freuen.

■ UNTERKUNFT

Die Bretagne verfügt an der Küste und auch im Hinterland über ein ganzjähriges Unterkunftsangebot jeder Preiskategorie: Privatzimmer, Familienpensionen und Hotels bis Viersterneniveau (aber: Viele Häuser haben noch französische Standardbettmaße von 1,40 x 1,90 m). Seit dem Jahrhundertsommer 2003 haben viele Südfrankreichfreunde auf die Bretagne umgesattelt, da hier fühlbar angenehmere Temperaturen herrschen. Zeitige Unterkunftsbuchung, für die Hochsaison im Juli und August mindestens sechs Monate vorher, ist daher empfehlenswert. Es ist üblich, dass Ferienzimmer und -wohnungen im Sommer nur wochenweise (meist von Samstag bis Samstag) zu mieten sind. Angebote für Ferienwohnungen finden Sie zum Beispiel auf *www.gites-de-france-bretagne.com*. Möchten Sie Ferien auf dem Bauernhof machen, ist *www.bretagnealaferme.com* die richtige Adresse. Noblere Unterkünfte, die entsprechend teurer sind, können Sie sich auf den Seiten *www.relais chateaux.com* oder *www.bienvenue-au-chateau.com* ansehen.

■ ZOLL

Durch die gefallenen Zollschranken dürfen Urlauber innerhalb der Europäischen Union Waren, die für den privaten Gebrauch bestimmt sind, frei ein- und ausführen. Obergrenzen sind unter anderem 800 Zigaretten, 200 Zigarren, 1 kg Rauchtabak, 90 l Wein, 10 l Spirituosen. Für die Schweiz gelten erheblich niedrigere Freigrenzen. Nähere Informationen finden Sie unter *www.zoll.de*.

„Sprichst du Französisch?"Dieser Sprachführer hilft Ihnen, die wichtigsten Wörter und Sätze auf Französisch zu sagen

Aussprache

Zur Erleichterung der Aussprache sind alle französischen Wörter mit einer einfachen Aussprache (in eckigen Klammern) versehen.

■ AUF EINEN BLICK ■

Ja./Nein.	Oui. [ui]/Non. [nong]
Vielleicht.	Peut-être. [pöhtätr]
Bitte.	S'il vous plaît. [sil wu plä]
Danke.	Merci. [märsi]
Gern geschehen.	De rien. [dö rjäng]
Entschuldigen Sie!	Excusez-moi! [äksküseh mua]
Wie bitte?	Comment? [kommang]
Ich verstehe Sie/dich nicht.	Je ne comprends pas. [schön kongprang pa]
Ich spreche nur wenig Französisch.	Je parle un tout petit peu français. [schparl äng tu pti pöh frangsä]
Können Sie mir bitte helfen?	Vous pouvez m'aider, s.v.p.? [wu puweh mehdeh sil wu plä]
Sprechen Sie Deutsch/ Englisch?	Vous parlez allemand/anglais? [wu parleh almang/anglä]
Ich möchte …	J'aimerais … [schämrä]
Das gefällt mir nicht.	Ça ne me plaît pas. [san mö plä pa]
Haben Sie …?	Vous avez …? [wus_aweh]
Wie viel kostet es?	Combien ça coûte? [kongbjäng sa kut]
Wie viel Uhr ist es?	Quelle heure est-il? [käl_ör ät_il]

■ KENNENLERNEN ■

Guten Morgen/Tag!	Bonjour! [bongschur]
Guten Abend!	Bonsoir! [bongsuar]
Hallo!/Grüß dich!	Salut! [salü]
Wie ist Ihr Name, bitte?	Comment vous appelez-vous? [kommang wus_apleh wu]
Wie heißt du?	Comment tu t'appelles? [kommang tü tapäl]
Wie geht es Ihnen/dir?	Comment allez-vous/vas-tu? [kommangt_aleh wu/wa tü]
Danke. Und Ihnen/dir?	Bien, merci. Et vous-même/toi? [bjäng märsi. eh wu mäm/tua]
Auf Wiedersehen!	Au revoir! [oh röwuar]
Tschüss!	Salut! [salü]

SPRACHFÜHRER FRANZÖSISCH

AUSKUNFT

links/rechts	à gauche [a gohsch]/à droite [a druat]
geradeaus	tout droit [tu drua]
nah/weit	près [prä]/loin [luäng]
Bitte, wo ist …?	Pardon, où se trouve …, s.v.p.? [pardong, us truw … sil wu plä]
Wie weit ist das?	C'est à combien de kilomètres d'ici? [sät_a kongbjängd kilomätrö disi]

PANNE

Ich habe eine Panne.	Je suis en panne. [schö süis_ang pan]
Würden Sie mir bitte einen Abschleppwagen schicken?	Est-ce que vous pouvez m'envoyer une dépanneuse, s.v.p.? [äs_kö wu puweh mangwuajeh ün deh panöhs sil wu plä]
Gibt es hier in der Nähe eine Werkstatt?	Est-ce qu'il y a un garage près d'ici? [äs_kil_ja äng garasch prä disi]
… ist defekt.	… est défectueux. [ä dehfäktüöh]

TANKSTELLE

Wo ist bitte die nächste Tankstelle?	Pardon, Mme/Mlle/M., où est la station-service la plus proche, s.v.p.? [pardong madam/madmuasäl/mösjöh u ä la stasjong särwis la plü prosch sil wu plä]
Ich möchte … Liter.	… litres, s'il vous plaît. [litrö sil wu plä]
Super.	Du super. [dü süpär]
Diesel.	Du gas-oil. [dü gasual]
bleifrei/mit … Oktan.	Du sans-plomb/… octanes. [dü sang plong/… oktan]
Voll tanken, bitte.	Le plein, s.v.p. [lö pläng sil wu plä]

UNFALL

Hilfe!	Au secours! [oh skur]
Achtung!	Attention! [atangsjong]
Rufen Sie bitte schnell …	Appelez vite … [apleh wit]
… einen Krankenwagen.	… une ambulance. [ün_angbülangs]
… die Polizei.	… la police. [la polis]
… die Feuerwehr.	… les pompiers. [leh pongpjeh]
Es war meine Schuld.	C'est moi qui suis en tort.

	[sä mua ki süis_ang torr]
Es war Ihre Schuld.	C'est vous qui êtes en tort.
	[sä wu ki äts_ang torr]
Geben Sie mir bitte Ihren	Vous pouvez me donner votre nom
Namen und Ihre Anschrift!	et votre adresse?
	[wu puweh mö donneh wottrö nong eh
	wottr_adräs]

■ ESSEN/UNTERHALTUNG ■

Wo gibt es hier …	Vous pourriez m'indiquer…
	[wu purjeh mängdikeh]
… ein gutes Restaurant?	… un bon restaurant?
	[äng bong rästorang]
… ein nicht zu teures	… un restaurant pas trop cher?
Restaurant?	[äng rästorang pa troh schär]
Reservieren Sie uns bitte	Je voudrais réserver une table pour ce
heute Abend einen	soir, pour quatre personnes.
Tisch für vier Personen.	[schwudrä räsehrweh ün tablö pur sö suar
	pur kat pärsonn]
Wo sind bitte die	Où sont les W.-C., s.v.p.?
Toiletten?	[u song leh wehseh sil wu plä]
Auf Ihr Wohl!	A votre santé!/A la vôtre!
	[a wottr sangteh/a la wohtr]
Bezahlen, bitte.	L'addition, s.v.p. [ladisjong sil wu plä]

■ ÜBERNACHTEN ■

Können Sie mir bitte ein	Pardon, Mme/Mlle/M., vous pourriez
gutes Hotel empfehlen?	recommander un bon hôtel?
	[pardong madam/madmuasäl/mösjöh
	wu purjeh rökommangdeh äng bonn_ohtäl]
Haben Sie noch …	Est-ce que vous avez encore …
	[äs_kö wus_aweh angkorr]
… ein Einzelzimmer?	… une chambre pour une personne?
	[ün schangbr pur ün pärsonn]
… ein Zweibettzimmer?	… une chambre pour deux person-
	nes? [ün schangbr pur döh pärsonn]
… mit Bad?	… avec salle de bains?
	[awäk sal dö bäng]
… für eine Nacht?	… pour une nuit? [pür ün nüi]
… für eine Woche?	… pour une semaine? [pür ün sömän]
Was kostet das Zimmer	Quel est le prix de la chambre,
mit Frühstück?	petit déjeuner compris?
	[käl_ä lö prid la schangbr
	pti dehschöneh kongpri]

SPRACHFÜHRER

ARZT

Können Sie mir einen
guten Arzt empfehlen?

Vous pourriez recommander un
bon médecin, s.v.p.?
[wu purjeh rökommandeh äng bong
mehdsäng sil wu plä]

Ich habe hier Schmerzen.

J'ai mal ici. [scheh mal isi]

BANK

Wo ist hier bitte …
   … eine Bank?
Ich möchte...
Schweizer Franken
in Euro wechseln.

Pardon, je cherche … [pardong schö schärsch]
   … une banque. [ün bangk]
Je voudrais changer …
francs suisses en euros.
[schwudrä schangscheh …
frang süis ang öroh]

POST

Was kostet …

   … eine Postkarte …

   … nach Deutschland?

Quel est le tarif pour affranchir …
[käl_ä lö tarif pur afrangschir]
   … des cartes postales …
   [deh kart postal]
   … pour l'Allemagne? [pur lalmanj]

■ ZAHLEN ■

0	zéro [sehroh]		20	vingt [wäng]
1	un, une [äng, ühn]		21	vingt et un, une
2	deux [döh]			[wängt_eh äng, ühn]
3	trois [trua]		22	vingt-deux [wängt döh]
4	quatre [katr]		30	trente [trangt]
5	cinq [sängk]		40	quarante [karangt]
6	six [sis]		50	cinquante [sängkangt]
7	sept [sät]		60	soixante [suasangt]
8	huit [üit]		70	soixante-dix [suasangt dis]
9	neuf [nöf]		80	quatre-vingt [katrö wäng]
10	dix [dis]		90	quatre-vingt-dix
11	onze [ongs]			[katrö wäng dis]
12	douze [dus]		100	cent [sang]
13	treize [träs]		200	deux cents [döh sang]
14	quatorze [kators]		1000	mille [mil]
15	quinze [kängs]		2000	deux mille [döh mil]
16	seize [säs]		10000	dix mille [di mil]
17	dix-sept [disät]			
18	dix-huit [disüit]		1/2	un demi [äng dmi]
19	dix-neuf [disnöf]		1/4	un quart [äng kar]

Presqu'île de Quiberon

> UNTERWEGS IN DER BRETAGNE

Die Seiteneinteilung für den Reiseatlas finden Sie auf
dem hinteren Umschlag dieses Reiseführers

REISE
ATLAS

KARTENLEGENDE

Autobahn mit Anschlussstellen Motorway with junctions	
Autobahn in Bau Motorway under construction	
Mautstelle Toll station	
Raststätte mit Übernachtung Roadside restaurant and hotel	
Raststätte Roadside restaurant	
Tankstelle Filling-station	
Autobahnähnliche Schnellstraße mit Anschlussstelle Dual carriage-way with motorway characteristics with junction	
Fernverkehrsstraße Trunk road	
Durchgangsstraße Thoroughfare	
Wichtige Hauptstraße Important main road	
Hauptstraße Main road	
Nebenstraße Secondary road	
Eisenbahn Railway	
Autozug-Terminal Car-loading terminal	
Zahnradbahn Mountain railway	
Kabinenschwebebahn Aerial cableway	
Eisenbahnfähre Railway ferry	
Autofähre Car ferry	
Schifffahrtslinie Shipping route	
Landschaftlich besonders schöne Strecke Route with beautiful scenery	
Alleenstr. **Touristenstraße** Tourist route	
XI-V **Wintersperre** Closure in winter	
×-×-×-× **Straße für Kfz gesperrt** Road closed to motor traffic	
8% **Bedeutende Steigungen** Important gradients	
Für Wohnwagen nicht empfehlenswert Not recommended for caravans	
Für Wohnwagen gesperrt Closed for caravans	

* *Wartenstein* * *Umbalfälle*	**Sehenswert: Kultur - Natur** Of interest: culture - nature
	Badestrand Bathing beach
	Besonders schöner Ausblick Important panoramic view
	Ausflüge & Touren Excursions & tours
	Nationalpark, Naturpark National park, nature park
	Sperrgebiet Prohibited area
	Kirche Church
	Kloster Monastery
	Schloss, Burg Palace, castle
	Moschee Mosque
	Ruinen Ruins
	Leuchtturm Lighthouse
	Turm Tower
	Höhle Cave
	Ausgrabungsstätte Archaeological excavation
	Jugendherberge Youth hostel
	Allein stehendes Hotel Isolated hotel
	Berghütte Refuge
	Campingplatz Camping site
	Flughafen Airport
	Regionalflughafen Regional airport
	Flugplatz Airfield
	Staatsgrenze National boundary
	Verwaltungsgrenze Administrative boundary
	Grenzkontrollstelle Check-point
	Grenzkontrollstelle mit Beschränkung Check-point with restrictions
PARIS	**Hauptstadt** Capital
RENNES	**Verwaltungssitz** Seat of the administration

FÜR IHRE NÄCHSTE REISE

gibt es folgende MARCO POLO Titel:

DEUTSCHLAND

Allgäu
Amrum/Föhr
Bayerischer Wald
Berlin
Bodensee
Chiemgau/Berchtes-
  gadener Land
Dresden/Sächsische
  Schweiz
Düsseldorf
Eifel
Erzgebirge/Vogtland
Franken
Frankfurt
Hamburg
Harz
Heidelberg
Köln
Lausitz/Spreewald/
  Zittauer Gebirge
Leipzig
Lüneburger Heide/
  Wendland
Mark Brandenburg
Mecklenburgische
  Seenplatte
Mosel
München
Nordseeküste
  Schleswig-Holstein
Oberbayern
Ostfriesische Inseln
Ostfriesland/
  Nordseeküste
  Niedersachsen/
  Helgoland
Ostseeküste
  Mecklenburg-
  Vorpommern
Ostseeküste
  Schleswig-Holstein
Pfalz
Potsdam
Rheingau/Wiesbaden
Rügen/Hiddensee/
  Stralsund
Ruhrgebiet
Sauerland
Schwäbische Alb
Schwarzwald
Stuttgart
Sylt
Thüringen
Usedom
Weimar

ÖSTERREICH | SCHWEIZ

Berner Oberland/Bern
Kärnten
Österreich
Salzburger Land
Schweiz
Steiermark
Tessin

Tirol
Wien
Zürich

FRANKREICH

Bretagne
Burgund
Côte d'Azur/Monaco
Elsass
Frankreich
Französische
  Atlantikküste
Korsika
Languedoc-Roussillon
Loire-Tal
Nizza/Antibes/Cannes/
  Monaco
Normandie
Paris
Provence

ITALIEN | MALTA

Apulien
Capri
Dolomiten
Elba/Toskanischer
  Archipel
Emilia-Romagna
Florenz
Gardasee
Golf von Neapel
Ischia
Italien
Italienische Adria
Italien Nord
Italien Süd
Kalabrien
Ligurien/Cinque Terre
Mailand/Lombardei
Malta/Gozo
Oberital. Seen
Piemont/Turin
Rom
Sardinien
Sizilien/Liparische Inseln
Südtirol
Toskana
Umbrien
Venedig
Venetien/Friaul

SPANIEN | PORTUGAL

Algarve
Andalusien
Barcelona
Baskenland/Bilbao
Costa Blanca
Costa Brava
Costa del Sol/Granada
Fuerteventura
Gran Canaria
Ibiza/Formentera
Jakobsweg/Spanien
La Gomera/El Hierro
Lanzarote

La Palma
Lissabon
Madeira
Madrid
Mallorca
Menorca
Portugal
Sevilla
Spanien
Teneriffa

NORDEUROPA

Bornholm
Dänemark
Finnland
Island
Kopenhagen
Norwegen
Oslo
Schweden
Stockholm
Südschweden

WESTEUROPA | BENELUX

Amsterdam
Brüssel
Dublin
Edinburgh
England
Flandern
Irland
Kanalinseln
London
Luxemburg
Niederlande
Niederländische Küste
Schottland
Südengland

OSTEUROPA

Baltikum
Budapest
Danzig
Estland
Kaliningrader Gebiet
Krakau
Lettland
Litauen/Kurische
  Nehrung
Masurische Seen
Moskau
Plattensee
Polen
Polnische Ostsee-
  küste/Danzig
Prag
Riesengebirge
Russland
Slowakei
St. Petersburg
Tallinn
Tschechien
Ukraine
Ungarn
Warschau

SÜDOSTEUROPA

Bulgarien
Bulgarische
  Schwarzmeerküste
Kroatische Küste/
  Dalmatien
Kroatische Küste/
  Istrien/Kvarner
Montenegro
Rumänien
Slowenien

GRIECHENLAND | TÜRKEI | ZYPERN

Athen
Chalkidiki
Griechenland
  Festland
Griechische
  Inseln/Ägäis
Istanbul
Korfu
Kos
Kreta
Peloponnes
Rhodos
Samos
Santorin
Türkei
Türkische Südküste
Türkische Westküste
Zakinthos
Zypern

NORDAMERIKA

Alaska
Chicago und
  die Großen Seen
Florida
Hawaii
Kalifornien
Kanada
Kanada Ost
Kanada West
Las Vegas
Los Angeles
New York
San Francisco
USA
USA Neuengland/
  Long Island
USA Ost
USA Südstaaten/
  New Orleans
USA Südwest
USA West
Washington D.C.

MITTEL- UND SÜDAMERIKA

Argentinien
Brasilien
Chile
Costa Rica
Dominikanische
  Republik

Jamaika
Karibik/Große Antillen
Karibik/Kleine Antillen
Kuba
Mexiko
Peru/Bolivien
Venezuela
Yucatán

AFRIKA | VORDERER ORIENT

Agypten
Djerba/Südtunesien
Dubai
Israel
Jordanien
Kapstadt/Wine Lands/
  Garden Route
Kapverdische Inseln
Kenia
Marokko
Namibia
Qatar/Bahrain/Kuwait
Rotes Meer/Sinai
Südafrika
Tansania/
  Sansibar
Tunesien
Vereinigte
  Arabische Emirate

ASIEN

Bali/Lombok
Bangkok
China
Hongkong/Macau
Indien
Indien/Der Süden
Japan
Kambodscha
Ko Samui/Ko Phangan
Krabi/Ko Phi Phi/
  Ko Lanta
Malaysia
Nepal
Peking
Philippinen
Phuket
Rajasthan
Shanghai
Singapur
Sri Lanka
Thailand
Tokio
Vietnam

INDISCHER OZEAN | PAZIFIK

Australien
Malediven
Mauritius
Neuseeland
Seychellen
Südsee

REGISTER

Hier finden Sie alle im Reiseführer erwähnten Orte und Ausflugsziele, wichtige Sachbegriffe und Personen. Halbfette Seitenzahlen verweisen auf den Haupteintrag, kursive auf ein Foto.

IMPRESSUM

> SCHREIBEN SIE UNS!

Liebe Leserin, lieber Leser,

wir setzen alles daran, Ihnen möglichst aktuelle Informationen mit auf die Reise zu geben. Dennoch schleichen sich manchmal Fehler ein – trotz gründlicher Recherche unserer Autoren/innen. Sie haben sicherlich Verständnis, dass der Verlag dafür keine Haftung übernehmen kann.

Wir freuen uns aber, wenn Sie uns schreiben.

Senden Sie Ihre Post an die MARCO POLO Redaktion, MAIRDUMONT, Postfach 31 51, 73751 Ostfildern, info@marcopolo.de

IMPRESSUM

Titelbild: Leuchtturm auf Belle-Île (Laif: Meyer)
Fotos: W. Dieterich (Klappe Mitte, 2 r., 5, 27, 28, 52, 56, 59, 61, 83, 100/101, 103, 104/105, 107); F. Finet (15 o.); © fotolia.com: admphoto2 (98 o.l.); Patrick Gaultier (12 u.); R. Gerth (30/31, 71); G. Hartmann (Klappe rechts, 3 l., 3 M., 3 r., 77); HB Verlag: Heeb (4 l., 8/9, 29, 40, 43, 44/45, 49, 66/67, 68, 86, 97, 118/119), Wiese (Klappe links, 22, 37); Huber: Belenos (6/7, 11), Fantuz (19), Giovanni Simeone (78/79, 93; © iStockphoto.com: Gustaf Brundin (99 u.r.), Liv Friis-Larsen (14 u.), iofoto (15 u.), Jacqueline (99 M.l.), Kristen Johansen (98 u.r.), Volker Kreinacke (99 o.l.), Oktay Ortakcioglu (99 M.r.), Denise Ritchie (13 u.), Sergeo_Syd (98 M.l.); E. F. Karakoc (130); M. Kirchgessner (80, 81, 84, 90); Laif: Heeb (4 r., 94/95), Hemispheres (35, 73, 88/89), Linke (16/17, 28/29, 32), Meyer (1, 38, 46), Modrow (55); Laif/REA: Cuisset (23); Le Petit Malouin: PHILIPPE (98 M.r.); Constantino Ruiz Lopez (14 o.); Mauritius: Food and Drink (26); Office de Tourisme du Pays de Bécherel (13 o.); Vincent Rubin (14 M.); Heidi Siefert (12 o.); M. Thomas (22/23, 24/25, 51); Vintage: Jüttner (2 l., 21, 62, 65, 75, 127)

12., aktualisierte Auflage 2012
© MAIRDUMONT GmbH & Co. KG, Ostfildern
Chefredaktion: Michaela Lienemann, Marion Zorn
Autor: Errol Friedhelm Karakoc; Redaktion: Manfred Pötzscher
Programmbetreuung: Cornelia Bernhart, Jens Bey
Bildredaktion: Barbara Schmid, Gabriele Forst
Szene/24h: wunder media, München; Kartografie Reiseatlas: © MAIRDUMONT, Ostfildern
Innengestaltung: Zum goldenen Hirschen, Hamburg; Titel/S. 1–3: Factor Product, München
Sprachführer: in Zusammenarbeit mit Ernst Klett Sprachen GmbH, Stuttgart, Redaktion PONS Wörterbücher

> UNSER AUTOR

MARCO POLO Insider Errol Friedhelm Karakoc im Interview

Errol Friedhelm Karakoc lebt als selbstständiger Reiseleiter, Fremdenführer und Deutschlehrer in der Bretagne.

Wieso leben Sie in der Bretagne?

Ich habe es immer schon geliebt, mich am Wasser aufzuhalten. Auf vielen Reisen habe ich Flüsse, Seen, Meere und ihre jeweiligen Küstenlandschaften kennengelernt, aber nur wenige sind für mich so abwechslungsreich, spannend, anziehend und spektakulär wild wie diejenigen der Bretagne.

Wie leben Sie genau?

Meine bescheidene Hütte steht im Finistère. Hier wohne ich auf dem Land, in einem ruhigen Weiler, 600 m entfernt von einem hübschen Strand.

Was machen Sie beruflich?

Ich bin als Gründer einer Agentur für deutschsprachige Reiseleitungen und Führungen *(www.mybretagne.com)* mein eigener Chef. Das hat sich bei Reiseveranstaltern und Busunternehmern herumgesprochen, sodass jetzt sogar Anfragen aus der Normandie, für Bretonen quasi das allertiefste Ausland, kommen. Außerhalb der Reisesaison bin ich als Deutschlehrer an Ingenieursschulen eingebunden. Langeweile kommt da nicht auf!

Kommen Sie viel in der Bretagne herum?

Das bringt schon allein die Tätigkeit als Reise-leiter/Fremdenführer mit sich. Ich kenne die Bretagne mittlerweile wie meine Westentasche, aber es ist ein schönes Gefühl, in vielen Orten Bekannte zu treffen. Auch, wenn es manchmal ermüdend ist, aus dem Koffer zu leben, macht mir das Herumreisen mit Feriengästen, die sich durch die Bretagne bezaubern lassen wollen, einen Heidenspaß.

Was machen Sie in Ihrer Freizeit?

Wie Sie sicher bemerkt haben, bin ich vom Seefahrervirus infiziert. Sie können mich an die wilde Steilküste, einen Sandstrand oder am besten gleich in ein Boot setzen und mich dort vergessen – ich würde es gar nicht wahrnehmen. Und wenn dann noch die Spiegelreflexkamera dabei ist, ist das Glück perfekt!

Mögen Sie die bretonische Küche?

Ich liebe die bretonische Küche, weil sie so lecker und unprätentiös ist – wenn angesichts der Unmengen verwendeter Salzbutter nicht auf Kalorien geschielt wird ... Am liebsten mag ich eine saftige *Galette Complète* mit gerade so viel Salzbutter (natürlich!), dass sie noch nicht darin schwimmt. Und dazu gehört eine *bolée* mit gut gekühltem Cidre! Ich muss jedoch zugeben, dass man mich sogar mit einer französischen (!) Spezialität ködern kann, nämlich *crème brûlée.*